洪均生先生

1932年冬与陈福生师父、刘慕三老师及同学杨益民等合影
前排为赵仲民、陈照旭（字晓初）中为刘慕三（无锡人），旁为陈师父及师妹陈豫侠（年9岁）
后排为张老师（汇文小学）、洪均生（年26岁）、杨益臣，左为刘亮

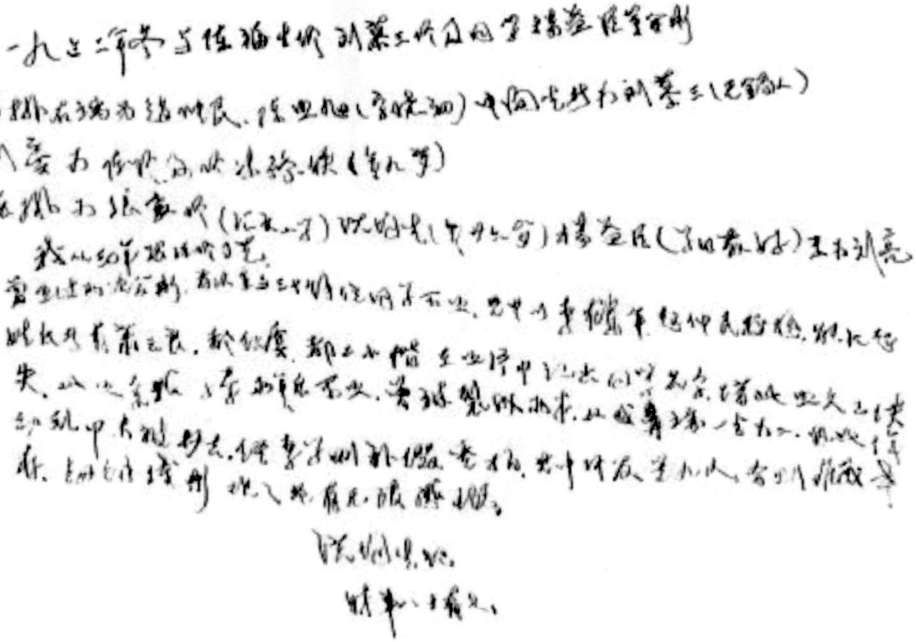

洪公在照片背面的亲笔题字

1983年秋，与师妹陈豫侠登泰山合影

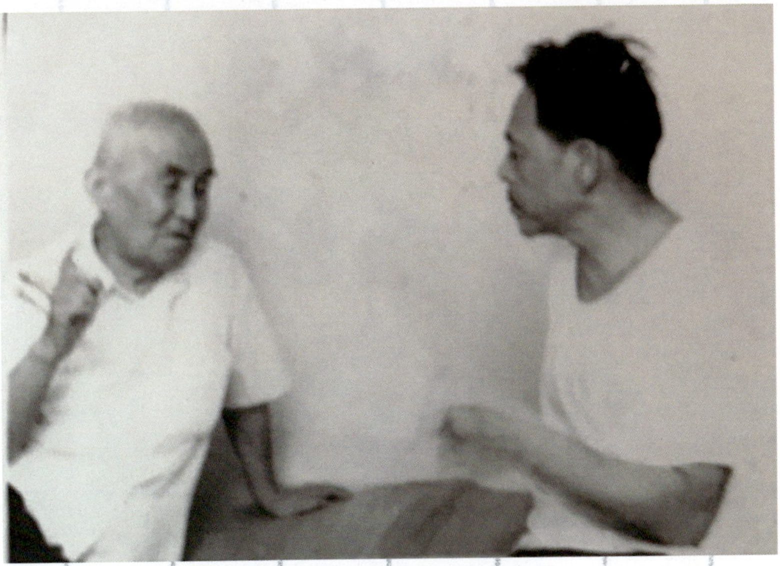

在南京西路150号6楼611室与冯志强师弟初次会面合影

1982年7月，在上海举行的全国太极名家推手表演大会上与各派名师合影

1982年8月，与各地太极名家杨振铎、王培生、冯志强、陈小旺合影于嘉定秋霞圃

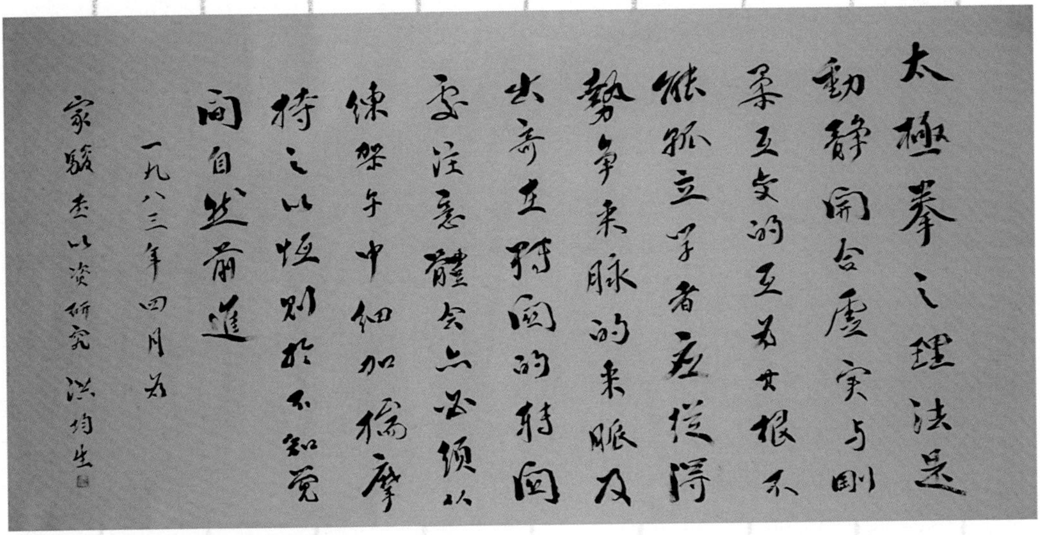

1983年4月赠弟子蒋家骏书法作品

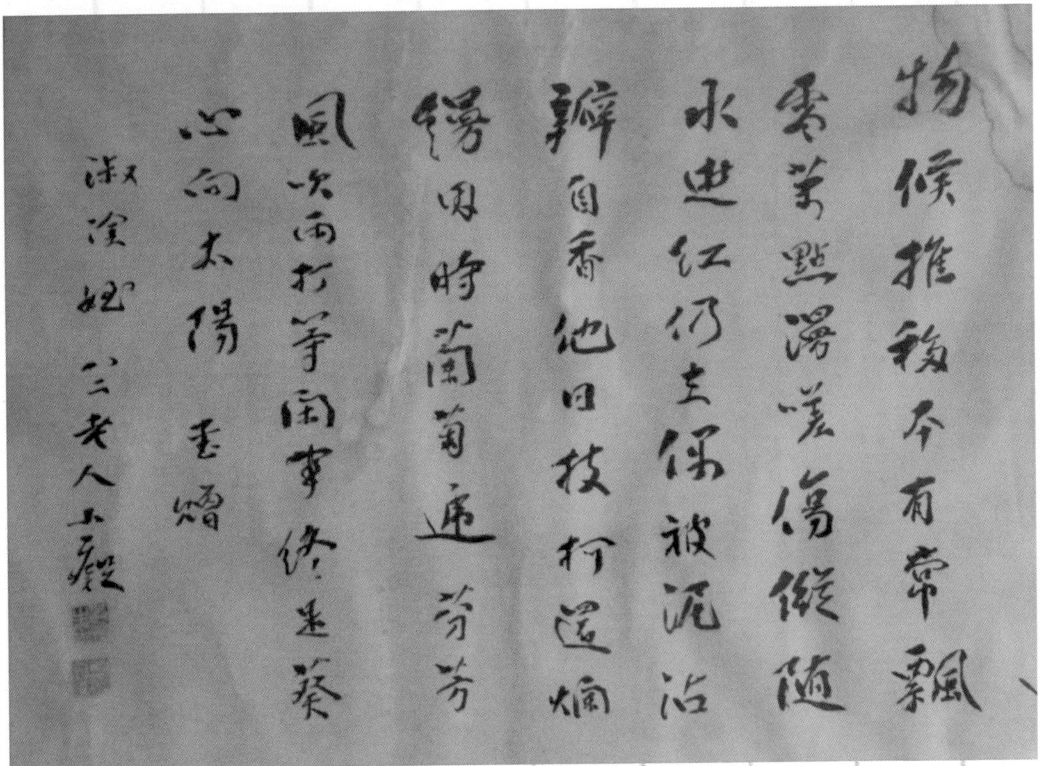

1982年赠弟子何淑淦书法作品

1983年春，山东省武术工作会议上与各名家合影于山东体院

1985年合影：前排左二张耀庭、右五洪均生、右四周子和、右一周永祥

作者练拳照（1975年春，摄于济南大明湖畔）

作者练拳照（1981年，摄于济南黑虎泉拳场）

作者与师妹陈豫侠推手照（1983年秋，摄于济南护城河畔）

1983年9月13日，济南军区老战士之家组织太极拳训练班之场景

洪式太极拳

（上卷）

洪均生　著
洪均生著作整编委员会　整编

人民體育出版社

图书在版编目（CIP）数据

洪式太极拳. 上卷 / 洪均生著. -- 北京 : 人民体育出版社, 2018（2025.2重印）
ISBN 978-7-5009-5308-1

Ⅰ. ①洪… Ⅱ. ①洪… Ⅲ. ①太极拳—基本知识 Ⅳ. ①G852.11

中国版本图书馆CIP数据核字(2018)第009363号

*

人 民 体 育 出 版 社 出 版 发 行
北京盛通印刷股份有限公司印刷
新　华　书　店　经　销

*

787×960　16开本　17印张　232千字
2018年8月第1版　2025年2月第4次印刷
印数：9,001—9,500册

*

ISBN 978-7-5009-5308-1
定价：78.00元

社址：北京市东城区体育馆路8号（天坛公园东门）
电话：67151482（发行部）　邮编：100061
传真：67151483　邮购：67118491
网址：www.psphpress.com
（购买本社图书，如遇有缺损页可与邮购部联系）

洪均生著作整编委员会

主　任： 蒋家骏

秘书长： 田　芸

常务副主任： 洪　森

副主任： 王德友、尚华建、刘东雷、单　华、金　海、何厚成、洪卫国、鹿世斌

副秘书长： 王旭峰、黄丽婵、潘洪印

委员：

王　成、王志兴、王福奎、牛克林、邓新华、刘秀文、肖明奎、吴仕增、谷庆梅、张幼泉、张光宗、张福桢、张燮和、陈中华、陈宝山、陈宝根、崔建新、董月星、潘凤来

王中军、王达耀、王宗惠、牛学云、牛　斌、仇卫星、方华成、冯太富、齐　博、任　芳、庄玉亭、刘庆香、刘孝庆、刘　凯、刘京军、

刘洪利、刘晋中、刘祥友、孙远明、孙厚权、
孙晓东、李　强、李广海、李　刚、李延峰、
李诗诺、肖鲲鹏、吴华强、谷庆玉、谷惠东、
宋宝英、宋春林、张永生、张孝军、张林涛、
张虎宝、张法林、张锁柱、张瑞勇、陈　亮、
陈　旭、陈秀和、陈媛媛、罗松华、赵同庆、
胡桂芬、侯远飞、侯敬峰、宫志伟、姚士玉、
徐诗尧、高　凯、郭传光、郭其武、唐美英、
黄正清、黄礼俊、黄　伟、曹留靠、梁璟涛、
彭　东、蒋　琳、蒋有庆、谢建军、蔡全华、
蔡　清、廖志忠、潘　峰、薛　猛、魏　勇

洪均生简介

洪公讳孝堃，字均生，号小痴，晚号八八老人。祖上三代为官，祖籍浙江宁波鄞县。6岁始读四书五经、唐诗三百首；11岁从学医道；13岁随祖父迁居北京，后考入北京法语学院，17岁因病辍学。1930年拜在陈氏太极拳第十七代陈公讳发科师门下，习练陈式太极拳，与师朝夕相随，习拳十五载。因家道中落，1944年离师客居济南。1956年春再度赴京从师探求陈式技法，返济后，简练精一，学而后化，把师授实战技法融会贯通到所学套路中，称之为“陈式太极拳实用拳法”。1995年5月洪公写下书法横幅“洪式太极”。1996年1月28日故于济南，享年90岁。后人称“实用拳法”为“洪式太极拳”，广泛传播于世界各地。

《洪式太极拳》简介

洪公均生先生，在继承了陈师发科公所传授陈式太极拳实战技法的基础上，深入研究缠法理论，孕育了以武学技击为核心，兼具养生保健功能的洪式太极拳。《洪式太极拳》一书是遵照洪公生前遗愿，嘱托后人整理原手稿文字，重新出版其所有著述，以更正、弥补之前出版洪式太极拳书籍中的讹误与不足。本书是洪公一生研究太极拳法的结晶，对太极拳理法阐述精辟、细致、全面、系统，是继陈鑫先生《太极拳图说》之后又一部经典著作。它不仅是洪式太极拳的规范教材，对其他各式太极拳爱好者，都是一部不可多得的太极拳理法著述。

序　言

《洪式太极拳》的出版，是先祖父洪均生公的遗愿。先祖父洪均生公于1930年，拜师于陈式太极拳一代宗师陈发科公，学拳十五载，寒暑不辍，取得较深造诣。1944年举家迁往济南后，又于1956年再次赴京拜会恩师，蒙师传授技击精粹，拳法上又有了质的飞跃。据此，先祖父结合多年实践，并博采其他拳种武术精华融贯于套路中，按照怎么用即怎么练的指导思想，创编成独具一格的太极拳套路，并于1988年出版了专著《陈式太极拳实用拳法》。至2000年，因先祖父所创套路明显有别于陈式太极拳，已自成体系，洪氏家族提议使用“陈式洪派太极拳”命名此套拳法。后又经多年发展，此拳广传海内外，社会上普遍称之为“洪式太极”。2015年2月26日，先祖父20余位重要传人召开会议，决定按照先祖父生前留书“洪式太极”命名此拳，至此此拳正式定名为“洪式太极拳”。会议期间，为弘扬传播洪式太极拳，团结洪式太极传人，大家一致同意成立“洪式太极拳联合会（暂定名）筹委会”，受洪氏家族授权委托，负责组织重大活动、整编先祖著作、举办学术研讨等，并选举蒋家骏先生为筹委会主任。

2015年，适逢济南市第六批非物质文化遗产申报，在济南市非遗办公室和济南市天桥区文化局的指导协助下，“洪式太极拳”成功列入济南市市级非物质文化遗产项目名录，成为济南市本土的武术拳种之一。

2015年3月29日，由洪氏家族牵头、筹委会承办，在济南进行了洪均生纪念亭暨弟子碑揭幕仪式。2015年7月28日，筹委会组建了“洪均生先生著作整编委员会”，负责整理出版先祖父遗著。

先祖父毕生致力于太极拳理拳法的深入研究，一生拳论、著述颇丰，虽三次出版先祖父部分遗著，但仍未全面反映先祖父拳论全貌。为尽量给世人系统、完整、忠实地呈现先祖父的太极文化遗产，传承“洪式太极拳”，委员会进行了深入细致的整理、核对、研讨，历经两年多的时间终于形成此书。在此，我代表洪氏家族对筹委会各位传人的大力支持、委员会全体工作人员的艰辛努力，特别对蒋家骏先生提供先祖父手稿及拳架照片表示衷心的感谢。奉此书呈以告慰先祖父的在天之灵！

洪继群

2017年7月1日

自序

陈式太极拳一代宗师陈发科先生于1928年自陈家沟进京授拳， 这一古老拳种方使外界所认识。我有幸于1930年拜陈师门下，朝夕相随，学拳十五载，言传身教，获益匪浅。后困于家计，于1944年离京，寓济南谋生。虽离师索居，然谨记师训，研练不敢稍懈；默识揣摩，亦每有所得。

此套陈式太极拳实用拳法，是1956年春我再次赴京时陈师晚年亲手传授。师生分别十余载，幸会之下，百感交集。于是每日研练，蒙师从头指点，将套路各式之动作详加讲解，并亲手教我实验。这对我于陈式拳真谛之领悟乃一次质的飞跃。陈师曾言："这套拳没有一个动作是空的，都是有用的。"确非虚语。此后，经与学生反复交手试验每一动作，进一步体会这套拳"理精法密"之真义。它既符合生理方面的经络学说，有保健医疗的良好效果，又符合哲学和力学原理，处处体现出对立统一的法则。在武学方面，更是一门高深的刚柔相济、四两拨千斤的奥妙技艺。

我当时征得陈师允许，将他所讲解试验的着法，融贯于原来所学的套路中，企冀为学拳者开辟一条走向掌握陈式技击奥妙的捷径。因此，从1956年后，遂以此套路拳法传于济南学生。通过实践，效果卓然。是以逐渐扩展到南北各地，日本、美国、东南亚友人亦陆续来学。

拳法各式动作，虽较原来略有改变，然而对陈鑫先生提出的陈式太极拳基本规律——缠法则严格遵守，且更加缜密细致。我一向认为陈式太极拳乃中华武林之瑰宝，是陈氏祖代从生活、生产、战斗实践中吸收各家之精华提炼发展而成的。它应属于祖国人民。遂以三十年之心血写成此书。窃不敢自秘，愿公诸于世。若有裨益于中华武术事业之发展，则庶不负于师教矣。

为纠正流传陈式诸本所出现的式名之误，特一一加以考释，写出专文。限于作者水平，难免有不当疏漏之处，敬乞识者校正。

洪均生

1988年3月

前　言

洪式太极拳创始人洪公讳孝堃（1907年3月—1996年2月），字均生，号小痴，晚号八八老人。生于河南禹县，祖籍浙江宁波鄞县。

洪公自幼随父在京，1930年拜在陈氏太极拳十七代陈公讳发科先生门下，随师学艺十五载，言传身教，深得真传。洪公文武兼修，寓文于武，默识揣摩，深究拳法，尽得陈式太极拳之要旨。于1944年离师客居济南，1956年春再度赴京从师进一步深求

洪公书法横幅“洪式太极”

洪公书写"洪式太极"

陈式技法，蒙师逐式详加解释，对太极拳真谛之领悟乃得一次质的飞跃。返济后，简练精一，学而后化，自成一家，洪公称之为太极拳"实用拳法"。此拳理精法密，以实用为本，轻灵圆转，自然缠绵，雄浑儒雅，风格独特，与众有别。1995年5月23日，洪公在济南的居所菜市新村给弟子蒋家骏留下了书法横幅"洪式太极"；1996年洪公离世之后，后人遂改称"实用拳法"为"洪式太极拳"，广泛流传于世界各地。

《洪式太极拳》一书是洪公一生研究太极拳法的结晶，对太极拳理法阐述精辟、细致、全面、系统。它的出版发行必如春雷一般，引起太极拳界的轰动，也必将成为继陈鑫先生《太极拳图说》之后诞生的又一部太极拳理法的经典著作！本书具有以下特点：

1. 科学化、规范化。谨遵洪公的武学思想，以螺旋运动之顺、逆缠丝为依据，以对立统一的哲学辩证思想为法则，以立如平准、活似车轮的物理力学原理为理法，把洪式太极拳科学化；同时，书中一、二路所有拳势动作均以洪公拳照而非画像为版本，把洪式太极拳规范化。以照片为师，不仅学习洪公的拳势——眼、身、步、手、法的配合，还要研究探讨他的神态和拳架的意境，体现出洪公对“拳品”所言的造诣。

2. 准确性。本着“以洪公亲笔手稿文字、原图片为准”的基本原则，保证新录入的文章必须是洪公原稿文字；对于之前已经出版发行的拳势说明和理法阐述文章尽可能地以原稿文字替换；书中所有疑问、争议之处皆以原稿文字为准。再配以洪公拳照，乃珠联璧合，真处见真。

3. 实战性。书中注重技击实用，不空谈意、气、呼吸；对每一个拳势动作的攻防、着法都详加说明，引导学者做到“练拳时无人若有人”，才能在“交手时有人若无人”。

4. 广泛性。1964年，《体育报》“体育专栏”就太极拳缠丝劲和抽丝劲问题展开了争鸣和探讨，参与讨论的有徐致一、洪均生、罗基宏、赵任情、李经梧等各式太极拳的代表人物，对太极拳缠法论述各抒己见，论述精辟。今全部收集整理成系列文章，连同发表附记一并公之于众，旨在更好地传承发展各家太极拳技法，与天下太极拳爱好者共悉之。

洪公以毕生精力探究洪式太极拳理法，又熟识各家太极拳理论，融会贯通，结合教学实践，验证前人学说，有新的创见和解释，纠正了一些不正确的观点和误识。他继陈鑫先生之后，在阐述太极拳理法上做出了新的贡献。特别是对太极拳的核心——缠丝劲进行了全面深刻的研究，在拳法中更进一步地体现出螺旋缠丝、刚而不顶、柔化不丢、精拿巧运。如运斤大匠，解牛庖丁，妙造自然，不着痕迹。

在缠法之上，洪公又总结出太极拳的又一规律——松圆，这也是洪式太极拳区别于其他各式太极拳在技法上提出的更高要求。体现在拳法中就是阴阳对立而又辩证统一的运动法则，蕴含着阴阳、顺逆、动静、刚柔、虚实、开合等对立的矛盾，也体现着收即是放、化即是打和进要柔、退要刚的协调统一。

洪式太极拳法以技击性强闻名于世。洪公十分重视其技击性和实用性，并以此为据，深研详求太极拳之理法。他首次提出了手上的公转与自转，公转的正旋、反旋，自转的顺、逆，以及腿部缠法的具体要求；首次提出眼法上也有顾盼、虚实、顺逆之分，并主张目视固定目标（对方），改正了原来练拳时“眼随手运”不符合实用的眼法；首次提出太极拳的随遇平衡，规定了步法不变，重心不能前后移动、摇摆，只能立体旋转，重心的位移只随步法的变换而移动，纠正了“重心全部移于某腿”的错误；根据“腰为车轴”“立如平准”的原则，利用力学的轮轴原理和杠杆原理进一步阐述太极拳理法；对“双重”作了科学的解释，纠正了太极拳界一向解释“双重”为两足同实（马步）的错误；区别于传统武术中“手眼身法步”顺序的说法，他按照“眼、身、步、手”的实践来解析每一着法，并用之于实战，这是洪公对太极拳实战技法的又一创举。

以上都是洪公对太极拳独创性的见解，其中包括了他几十年传授太极拳的经验总结和把太极拳融入现代科学的心得体会，展现出独特的太极拳思想及理论体系，这种超脱的思想、科学严谨的态度正是洪式太极拳的精髓所在。洪公常说：“此拳理精法密，理之精在于一贯以缠法为主，只有缠法的螺旋自转方能表现刚柔相济的对立统一法则；法之密在于变化万端，守规矩而不拘泥于规矩，学得要死，练得要活，用时要变。”

洪公承前启后，是继陈公发科先生之后对太极拳法的传承和弘扬做出巨大贡献的一代武学大家，被誉为“洪式太极拳宗师”。他的武学思想精深、独特、科学、创新，对中华武术传承和发展起到了至关重要的作用，是近现代武术发展史上的一座灯塔，为武术爱好者指明了正确的航向！

洪公为人坦荡，虚怀若谷，躬身面壁，不求闻达。但在太极拳理法探讨上主张展开讨论，坚持真理。他所写的文章涉及有关著作和个人，都要说出自己的意见和看法。这种精神是可贵的。他历经了新旧社会的变更，生活坎坷，跌宕多变，但发展弘扬太极拳法的初志愈老弥坚。

洪公一生始终把太极拳作为武学来对待，把它视作一种文化来研究，深入探求其中奥秘。他提出“拳品之高低，实以人品为准”的论断，正是一言中鹄。只有拳品与人品的水乳交融，方能达至武学至高境界。以拳养心，以心润人，人生是哲学，拳品亦是哲学。洪公说，太极拳是源于生活而又高于生活的自然规律的升华，无论何人只能顺应自然、利用自然，而不能违背自然。他用凝练的笔触一气贯下太极拳品十三篇，最终归于“自然”，拳、人、自然三者合一，体现了太极拳的大道。

他说，太极拳是科学，是美学，是哲学，是艺术！是人民群众的宝贵财富！要取之于民，还之于民。

太极拳就如同一座高耸入云的山峰，站在山脚下，只能仰望峰顶。而洪式太极拳恰为学者指明了一条通往峰顶的道路。循此道进入山中，又感觉“只在此山中，云深不知处”。寥寥几个有幸登到山顶者，才发现原来自己看见的只是山峰的一角，眼前满是层层叠叠更高的山、更险的峰。“横看成岭侧成峰”，这才是太极拳艺术性的真正含义！

洪均生著作编写组

2016年7月26日

目录

第一章　太极拳法概论 …………………………（1）

一、太极拳的来源和发展 …………………………（1）

二、太极拳的发展与变化 …………………………（2）

三、论太极拳的自转与公转 …………………………（3）

四、太极拳全身的配合 …………………………（5）

五、太极拳法变化符合对立统一法则 …………………………（8）

六、太极拳推手中怎样运用十三势 …………………………（9）

七、论意与力及力与巧的关系 …………………………（14）

八、太极拳流传中存在的问题 …………………………（14）

第二章　洪式太极拳单手圈说明 …………………………（17）

一、正手圈 …………………………（17）

二、反手圈 …………………………（20）

第三章　洪式太极拳一路详释 …………………………（23）

预备式 …………………………（23）

一、金刚捣碓 …………………………（24）

二、拦擦衣 ……………………………………………… (28)
三、六封四闭 ……………………………………………… (31)
四、单鞭 ……………………………………………… (34)
五、左转身捣碓 ……………………………………………… (37)
六、白鹤亮翅 ……………………………………………… (40)
七、搂膝拗步 ……………………………………………… (42)
八、初收 ……………………………………………… (45)
九、斜行拗步 ……………………………………………… (46)
十、再收 ……………………………………………… (49)
十一、前蹚拗步 ……………………………………………… (50)
十二、掩手肱捶 ……………………………………………… (53)
十三、右转身捣碓 ……………………………………………… (55)
十四、十字手 ……………………………………………… (58)
十五、庇身捶 ……………………………………………… (59)
十六、背折靠 ……………………………………………… (61)
十七、下掩手捶 ……………………………………………… (63)
十八、双推手 ……………………………………………… (65)
十九、三换掌 ……………………………………………… (67)
二十、肘底捶 ……………………………………………… (69)
二十一、倒卷肱 ……………………………………………… (70)
二十二、白鹤亮翅 ……………………………………………… (74)
二十三、搂膝拗步 ……………………………………………… (75)
二十四、闪通背 ……………………………………………… (75)
二十五、进步掩手肱捶 ……………………………………………… (80)
二十六、退进步拦擦衣 ……………………………………………… (81)
二十七、六封四闭 ……………………………………………… (82)

二十八、单鞭 …………………………………………………… (82)
二十九、上云手 ………………………………………………… (82)
三十、高探马 …………………………………………………… (85)
三十一、右插脚 ………………………………………………… (88)
三十二、左插脚 ………………………………………………… (91)
三十三、左转身蹬脚 …………………………………………… (93)
三十四、前蹚拗步 ……………………………………………… (95)
三十五、击地捶 ………………………………………………… (97)
三十六、二起脚 ………………………………………………… (98)
三十七、护心拳 ………………………………………………… (101)
三十八、旋风脚 ………………………………………………… (104)
三十九、右转身蹬脚 …………………………………………… (106)
四十、掩手肱捶 ………………………………………………… (109)
四十一、小擒打 ………………………………………………… (110)
四十二、抱头推山 ……………………………………………… (112)
四十三、三换掌 ………………………………………………… (115)
四十四、单鞭 …………………………………………………… (117)
四十五、前招 …………………………………………………… (117)
四十六、后招 …………………………………………………… (118)
四十七、野马分鬃 ……………………………………………… (120)
四十八、左转身六封四闭 ……………………………………… (122)
四十九、单鞭 …………………………………………………… (124)
五十、退步双震脚 ……………………………………………… (124)
五十一、玉女穿梭 ……………………………………………… (128)
五十二、拦擦衣 ………………………………………………… (129)
五十三、六封四闭 ……………………………………………… (129)

五十四、单鞭 ……………………………………………………（129）
五十五、中云手 …………………………………………………（130）
五十六、双摆莲脚 ………………………………………………（131）
五十七、跌岔 ……………………………………………………（132）
五十八、左金鸡独立 ……………………………………………（134）
五十九、右金鸡独立 ……………………………………………（135）
六十、倒卷肱 ……………………………………………………（138）
六十一、左进步挤 ………………………………………………（139）
六十二、顺拦肘 …………………………………………………（140）
六十三、白鹤亮翅 ………………………………………………（142）
六十四、搂膝拗步 ………………………………………………（143）
六十五、闪通背 …………………………………………………（143）
六十六、进步掩手肱捶 …………………………………………（146）
六十七、进退步拦擦衣 …………………………………………（148）
六十八、单鞭 ……………………………………………………（150）
六十九、下云手 …………………………………………………（151）
七十、高探马 ……………………………………………………（152）
七十一、十字摆莲脚 ……………………………………………（153）
七十二、指裆捶 …………………………………………………（156）
七十三、猿猴献果 ………………………………………………（158）
七十四、六封四闭 ………………………………………………（159）
七十五、单鞭 ……………………………………………………（159）
七十六、穿地龙 …………………………………………………（159）
七十七、上步骑鲸 ………………………………………………（160）
七十八、退步跨虎 ………………………………………………（162）
七十九、转身摆莲脚 ……………………………………………（164）

八十、当门炮 …………………………………………………………（166）
八十一、左转身捣碓 ……………………………………………………（167）
收式 ……………………………………………………………………（169）

第四章　洪式太极拳一路功用歌诀

第四章　洪式太极拳一路功用歌诀 ……………………………………（170）
一、捣碓 ………………………………………………………………（170）
二、拦擦衣、六封四闭 …………………………………………………（170）
三、单鞭、左转身捣碓 …………………………………………………（170）
四、白鹤亮翅、搂膝拗步 ………………………………………………（170）
五、初收、斜行拗步 ……………………………………………………（171）
六、再收、前蹚拗步 ……………………………………………………（171）
七、掩手捶、右转捣碓 …………………………………………………（171）
八、十字手、庇身捶 ……………………………………………………（171）
九、背折靠、下掩手捶、双推手、三换掌 ………………………………（171）
十、肘底捶、倒卷肱 ……………………………………………………（172）
十一、白鹤亮翅、搂膝拗步 ……………………………………………（172）
十二、闪通背 …………………………………………………………（172）
十三、进步掩手捶、拦擦衣、六封四闭、单鞭 …………………………（172）
十四、上云手、高探马 …………………………………………………（172）
十五、右插脚、左插脚 …………………………………………………（173）
十六、左转身蹬脚、前蹚拗步 …………………………………………（173）
十七、击地捶、二起脚 …………………………………………………（173）
十八、护心拳、旋风脚 …………………………………………………（173）
十九、右转蹬脚、掩手捶 ………………………………………………（173）
二十、小擒打 …………………………………………………………（174）

二十一、抱头推山、三换掌 …………………………………… (174)
二十二、单鞭、前招、后招 …………………………………… (174)
二十三、野马分鬃 …………………………………………… (174)
二十四、左转身六封四闭、单鞭 ……………………………… (174)
二十五、退步双震脚、穿梭 …………………………………… (175)
二十六、拦擦衣、六封四闭、单鞭 …………………………… (175)
二十七、中云手、摆莲脚 ……………………………………… (175)
二十八、跌岔、左独立 ………………………………………… (175)
二十九、右独立、倒卷肱 ……………………………………… (175)
三十、左转身进步挤、顺拦肘 ………………………………… (176)
三十一、白鹤亮翅、搂膝拗步 ………………………………… (176)
三十二、闪通背 ……………………………………………… (176)
三十三、进步掩手捶、拦擦衣 ………………………………… (176)
三十四、单鞭、下云手、高探马 ……………………………… (176)
三十五、十字摆莲 …………………………………………… (177)
三十六、指裆捶、猿猴献果、六封四闭、单鞭 ……………… (177)
三十七、穿地龙、上步骑鲸、退步跨虎 ……………………… (177)
三十八、转身摆莲、当门炮 …………………………………… (177)
三十九、左转捣碓 …………………………………………… (177)

第五章　太极拳式名考释、动作着法要领研究 ………………… (178)

一、金刚捣碓类 ……………………………………………… (178)
二、拦擦衣类 ………………………………………………… (182)
三、六封四闭类 ……………………………………………… (183)
四、单鞭类 …………………………………………………… (186)

五、白鹤亮翅类 …………………………………………………… (187)
六、搂膝拗步类 …………………………………………………… (189)
七、初收、倒卷肱类 ……………………………………………… (190)
八、掩手肱捶类 …………………………………………………… (193)
九、十字手类 ……………………………………………………… (204)
十、背折靠类 ……………………………………………………… (205)
十一、三换掌类 …………………………………………………… (207)
十二、闪通背类 …………………………………………………… (208)
十三、云手类 ……………………………………………………… (209)
十四、高探马类 …………………………………………………… (212)
十五、左右插脚、蹬脚类 ………………………………………… (213)
十六、小擒打类 …………………………………………………… (220)
十七、金鸡独立类 ………………………………………………… (221)
十八、各种肘类 …………………………………………………… (222)
十九、斩手类 ……………………………………………………… (226)
二十、翻花舞袖类 ………………………………………………… (227)

第六章　重写式名考释杂谈 ………………………………… (229)

后记 ……………………………………………………………… (236)

第一章　太极拳法概论

中国武术有几千年的历史，陈式太极拳也流传了几百年，久为人民群众所喜爱。1982年12月5日，国家体委召开了全国武术工作会议，号召对祖国武术这一瑰宝进行挖掘、整理、继承和发展，广大武术界人士深受鼓舞。各种武术项目百花齐放，形势喜人。陈式太极拳当然也不例外。从1982年以来，石家庄、北京、上海先后成立了陈式太极拳研究会。济南东郊体育馆、济南市武术馆、山东大学武术协会都开设了陈式太极拳训练班，报名者极为踊跃。1981年8月，日本太极拳协会委员长中野春美及高谷宽、板本孝纪、古贺荣子先后来济南学习陈式拳。日本山口县两次邀请济南陈式拳教练前往授拳。中共山东省委书记梁步庭同志访问日本，也带去了陈式拳教练在日本表演和授拳。在党的正确方针指导下，陈式太极拳既然在全国甚至国外受人重视，我们习陈式拳者更加感到继承、发展这一瑰宝的责任之重大。仅就管见所及，对陈式太极拳如何普及与提高这一问题，阐述以下几点，以供参考。

一、太极拳的来源和发展

一切文化来源于社会生活。我从学拳教拳的实践中，深深体会到陈式太极拳的主要规律缠法，亦即螺旋形式动作，正是人们日常生活和生产劳动中的本能动作。历代陈式武术家根据技击的需要，吸收各种武术流派的精华进行有机的加工，才形成当今的套路。据历史记载，陈氏始祖陈卜于明洪武七年由山西洪洞县大槐树迁至河南温县陈家沟，至今十九代。这套拳创自何人，我曾向陈发科师请教。陈师只答：“从老祖宗就会，不知创自何人。”陈鑫诗云：“太极理法全，相传不计年。”《太极拳图说》自序云：“始祖卜耕读之余，而以阴阳开合、运转周身者，教子孙以消化饮食之法，理根太极，故名曰太极拳。”顾留馨根据唐豪调查资料，肯定为陈氏九代陈王廷所创，批驳了张三丰创拳之说，是较进步的。但肯定陈王廷造拳，与陈鑫所言有悖。我也认为，如果道家创太极拳，绝不会用佛家“金刚”作为陈式太极拳第一式名——金刚捣碓。我认为如此高级武术运动形式决非创自一人之手，而是历代陈式武术家劳动的结晶。事关武术史研究，兹不多论。

二、太极拳的发展与变化

一切事物总是因时、因人有意或无意而变化的。不离法则而变化，是为发展；离开法则而变化，必定倒退。太极拳论说：“虽变化万端，而理唯一贯。”“理”即法则。太极拳有太极拳的“理”，在“理”指导下的运动方法便是技法。技法虽因敌而变，而它的法则却不能变。陈式拳法的法则就是缠法的螺旋运动。据《陈式太极拳》介绍，陈家原有套路七种和太极长拳（亦名太极通背），后来精简为现在的一路、二路（亦名炮捶）。这第一个变化，据我推测可能是陈王廷根据他的武学实践经验而修改整理的。据陈鑫介绍，原来旋风脚一式下边的动作为：双手随身之后转而按于地上，头向下而双足悬空上蹬；后又变为身右转时，双手向右平伸，右足踏地，左足向左平蹬（如其他拳种的夜叉探海式）。当右转捣碓后的庇身捶前边，左足踏稳，右足向右，腿肚贴地进步，腰向右下转，右肩只离地七寸，名为七寸靠，难度较大，今已无人能练。这些变化系自何人，陈鑫亦未介绍。陈发科师教我们之初，庇身捶下面无背折靠，双推手后无三换掌，倒卷肱后只接白鹤亮翅，而无如今所练的转身六合、退步压肘（此名可能是陈照奎起的）。又二路拳的庇身捶右足原向内勾，今则不勾；倒骑驴后原为闪通背，今为海底翻花；劈架子的左手原为逆缠的拳，今为顺缠的掌，这是第三次变化。但都变得合理，在技击方面有实用价值，应当是发展了的动作。

现在由于陈式太极拳逐渐受到广大群众的重视，全国各地均有教者和学者，动作的配合又大有变化。我现在所练和所教的套路，虽然以陈师原教的套路为据，但从1956年春我从北京回来，又把陈师所讲解、试验的着法融合到一起，所以又和各地所练的大有不同。照奎在南京、上海所传套路，和陈师原传的眼、身、步、手的配合也不一样。总之，应当用陈发科师所说："这套拳没有一个动作是空的，都是有用的"话，作为衡量正确与否的标准。衡量的方法，最好是通过科学的方法亲手试验。下面我先把传自陈师的有关陈式太极拳的基本规律——缠法作一具体介绍。

三、论太极拳的自转与公转

凡是适应生活、符合客观事物规律的，必然符合科学。方法是万变的，而原理是不能变的。方法的变，是因人、因事、因地而变，但仍合乎原理，也可以说合乎需要的。

陈式太极拳虽然世传已久，但至十六代陈鑫先生才总结出此拳的科学原理和方法，提出"太极拳，缠法也"，并加重语气说："不明此，即不明拳。"陈鑫先生说的缠法，就是螺旋运动形式，通过螺旋形式，周身渐渐练出一种缠丝劲来。这种劲是刚柔相济的，也就是王宗岳在《太极拳论》中说的"阴不离阳，阳不离阴，阴阳相济"的劲，是用科学方法练出来的劲。这种劲，在生理方面能使全身关节、肌肉束、各个细胞一动无有不动，甚至内脏也随着躯干的左右转动而发生自我按摩的功用。日久天长，人体由于气血循环通畅，自然得到健康。在技击方面，由于变转灵敏，对方来力挨我何处，我随其方向略一转动，便可化开。这就是太极拳要求的引进落空。当转动时，因为走的是螺旋圆形，这半边随化，另一边必然转过来，自然形成柔化刚发。假设动作慢时，转到圆周四分之一，便可生效。功夫越深，速度越快，略一旋转，便能化、发同时发生作用。所以太极拳又要求由大圈而小圈，由小圈而无圈。大圈小圈是自转配合公转，无圈则是只用自转。

什么是自转？什么是公转？陈鑫写的书上没有这个名词。陈发科老师教拳时，也不曾提过自转和公转。这是我在新中国成立后为了教人才提出的。陈鑫讲缠法，有顺逆、左右、上下、进退、前后和大小六种，没分出主次来，也没说明顺逆是以何为据而定的。沈家桢、顾留馨著《陈式太极拳》指出：顺逆缠丝为基本缠法，其他为方位缠法。主次分明，是进步的。但我从实践中体会出，每个动作都有自转与公转的配合。

有人说："以顺着时针的旋转方向为顺，反之为逆。"这种说法虽然不无道理，但只可作为躯干旋转的顺逆规律。因为手各有两只，右手顺时针为顺，左手如此转动岂不相反？因此我便以手心的上转为顺，而下转为逆。至于公转，则分为左右旋和前后旋两类。左右旋又分为正旋和反旋。因公旋一周中的缠法，必然是一半顺缠，一半逆缠。凡从下顺缠收到心口前，变逆缠，从上开与眼平的，为正旋，如"云手"；凡顺缠从上向内收到肘齐乳房，变逆缠，而手经心口、胯前，开到与眼平的，为反旋，如"十字手"。前后的公转，只有反旋而无正旋如"前蹚拗步""倒卷肱"。

腿部的缠法，系以腰的转旋方向而定顺逆。腰向左转，则左腿顺缠而右腿逆缠；腰向右转，则右腿顺缠而左腿逆缠。由此可以肯定，腿部缠法的配合，只有一顺一逆，而无双顺双逆。双逆缠则身必向前仆跌，双顺缠则身必向后仰跌。它不同于两手的配合有双顺双逆和一顺一逆。

腿部的公转，分为里、外、前、后弧线。一般讲，前进则走里前弧线，如"拗步"类，后退则走里后弧线，如"倒卷肱"，左右旋转的步法则走外前或外后弧线，如"扫蹚腿"。至于躯干，则只有自转而无公转。因为从头顶百会穴至尾骨长强穴的上下一条线，在力学上等于杠杆的支点。支点只能旋转，不许摇摆。假如随着步法的进退而变更方向，也应随遇平衡而适当位移，不许偏移于某腿。拳谱云"立如平准""腰如车轴"，可见古人早明此义。

按照力学原理，重心越低越稳，所以太极拳历来主张气沉丹田。但沉气不是有意鼓起小腹，而是运用科学方法。陈式太极拳的方法是尾骨长强穴微向后翻。这个姿势，使小腹下方自然向内斜着收敛，从而使气自然下沉，而人体重心也自然降低。这是陈式太极拳的基本要求之一，也是同其他太极拳的根本区别。

四、太极拳全身的配合

陈式太极拳的配合规律，从全身来讲，为眼、身、步、手四个主要部分。从躯干来讲，分为上、中、下三盘。我们先讲躯干的基本规律，从头至项部为上盘，胸、脊、腰部为中盘，小腹、尾骨以至裆、腿、足部为下盘。上盘的头部要中正，术语说“虚领顶劲”。《十三势行功总歌》中说：“满身轻利顶头悬”。顶和悬字虽不同，方法是一样的。正如陈鑫解释的：“如同用绳子从头顶百会穴将全身向上悬起似的。”只要下颏略向内收，则头顶自然中正向上，而颈也自然竖起。眼法上文已讲过，总要平视前方——每式的主要方向。但陈鑫加了“耳听身后”四字，以防有人从身后袭来。

中盘的脊骨要随着顶劲的上领而同时竖直，胸部既不外挺，也不内收，术语谓之含胸拔背。但有人说陈式的脊骨某节要向外鼓起，陈师没有这样讲过，我也不能理解。含或涵的意义都是要求松圆而不压迫肺部，以便呼吸畅利。腰部亦以中正为主，但陈式每一动作必向左右旋转，转的角度一般不超过45°，在步法进退时，可达90°，或大至360°以上。腰是随着对方的变化，左右旋转以带动步法进退的，所以既要保持中正而不偏不倚，又要灵活旋转，一侧忽隐，一侧忽现，但不许前倾后仰。

我在这里谈谈陈式太极拳与其他各式的根本区别——下盘尾骨微向后翻的问题。陈鑫指出：“尾骨长强穴（尾骨下端）微向后翻。”这样的姿势可使小腹下边斜向里收，一来气自然沉于丹田，二来大腿根的两条大筋放松，可加大躯干旋转的角度，以保持重心的下降与随遇平衡。各式太极拳都以敛臀为规律，其实并不算错，我认为他是要求纠正突臀之病的。不过收敛太过了，甚至有人主张小腹将丹田向上托起来，或说尾骨要和鼻子同一方向，未免违反生理、拳理、拳法了。同时还有人把尾骨比作船舵，可是舵都是向后的，哪能和船头同一方向？所以我说陈鑫讲的长强穴微向后翻，是和其他太极拳的根本区别，而且也是陈式躯干方面最要紧的关键。

陈式要求裆开要圆，最忌人字裆，即尖裆。这种姿势仍然和长强穴的后翻有密切关系。只要长强穴向后翻一点（只是一点，绝非突臀），它的姿势恰如我们端坐的样子（记得蒋维乔先生所写有关气功静坐的姿势就是这个样子）。裆部只要能够开得圆，也自然能塌得下，使重心降低，加强躯干的稳度。人字裆两足距离再宽，而裆不能下塌，如同两条腿的木架，从前后稍微一碰，就会倒的。

陈式上盘称为顶劲，中盘称为腰劲，下盘称为裆劲。顶劲要向上虚领，腰劲要中正地旋转，不许前后摇摆，裆劲则要向下松塌。

陈式要求膝部随身体旋转方向一提一落，也是和裆部因长强穴后翻而开圆有直接关系的。裆部的圆否与灵活变化有关；膝部的提、落则与运动中的稳度有关。它的运动方法：凡身向左转，则左膝顺缠而上提，右膝同时逆缠而下垂；如身向右转，则右膝顺缠上提，而左膝逆缠下垂。

《太极拳论》说："立如平准。"陈鑫也说："拳者，权也。"平准就是我们常说的天平，权就是秤砣。我认为陈式拳等于同时用两套秤，手等于普通秤上的砣，它的作用是拨转对方加在我方某个肢体方面的力量，能够引进而落空。膝则等于天平点上的砝码，对方来力在我左肢，我方以左膝上提以引化来力，同时右膝下沉以加强身体的稳度。这种动作同于杠杆原理，顶劲上领就是支点，对方来力就是重点，我方的手和膝就是力点。不过它和我们日常用秤称物的目的不同，称物时要求力点和重点平衡，在拳法上则是对方大力则减小力点使它落空，对方力小则加强力点使之反转回去，但都必须配合自转的顺逆缠法，适当地滚动摩擦，才能发挥借劲与截劲的作用。

腿和足是服从眼的指挥而因敌变化，以转换进退的。按正规讲：大腿根的高度，应当随裆劲的松塌而和膝部略平。在步法进退时，只能以腰的旋转带着小腿变化。但这种功夫如今习陈式者多练不到了，所以不一定这样要求。动步时，实腿要塌好裆劲，然后空腿向前或向后方倾斜。前进则足尖斜向内勾，以足踵贴地前进。进到所需方位，然后踏落足尖；后退的腿应以足尖划地向后退行，退到所需方位，然后踏落足踵。不论进退都要提膝，而足部随着架式的需要或前或后地走里弧或外弧。足与膝的配合，弓膝的形式，膝部要和足踵上下对照，略向里合，成三角形（膝鹤顶穴与地面的垂直线，在地面上的交点位于足趾、足踵之间的内侧）。凡伸展的膝部要和胯根、足部配合，也是略向里合，成三角形。

步型大略有马步、弓步、盘步、虚步、独立步五种。独立步要求实足尖向外略斜摆，膝不伸直，虚腿的膝提平裆，小腿松垂，脚掌自然平伸（不可绷紧脚面，使脚尖向下。因为这样，只能暴露将要前踢，不如垂直小腿，则左右前后均可自由变化）。独立步有左、右之分。马步有小正马步，两足距离一肩宽；左右侧马步，前膝弓得小些（陈师在推手发劲时总是用这种步型，以避免前手与足的双重）；内八字马步，前足尖内勾，只用于式子中的转换之处，一转而过。弓蹬步分左右及反弓（亦名仆步），它的姿势是前膝弓住，后膝展开，足尖向左或右方。但陈式的弓步要求蹬展的膝部须略放松，特别是后腿根的大筋更不许绷紧。这样做，不但步型转换得灵活，而且可以避免双重。反弓步等于一般拳种的仆步，它的姿势是后膝弓塌，后足尖斜向后外斜角摆45°，前足向内斜勾，以足踵贴地前进，膝部斜向里方展开，式子走足时，则腿肚可以贴地，如一路跌岔步型。盘步分左右、大小及半盘，它们是从左右侧马步或弓蹬步变化而成的。从侧马步起则后膝略向下垂，前脚尖外摆90°；从弓步起则后膝向里下松垂，同时前脚仍足踵为轴将脚尖外摆90°，而后脚尖为轴，向外拧转足踵45°；侧盘步从马步开始的只摆前脚尖，后膝则原式不动。虚步分左右、前后两种，实足斜而虚步正，在承受重量上。只有轻重之分，而无纯虚、纯实之别。

至于臂部应分三节。肩为根节，肘为中节，手为梢节。《太极拳论》要求“松肩、沉肘”。陈鑫解释松字最为明确，他说：“臂部如挂肩上。”肘的松沉，不论顺缠、逆缠都要保持肘尖向下的状态。但应注意，逆缠向上斜开时，手从心口前旋转而出，肘尖不动，当以手领开肘部时，只以手带动手臂旋转，肘经常低于肩约五寸许。即使手的中指上与眼齐，肘尖仍然斜向外下方，不许转为平着向外。逆缠从心口前斜向左、右下方后外转开时，手必须经过胯部里侧再向后外转，不可从心口前就以逆转手向后外转，因为那样很容易使肘部向后突出而现顶劲。逆缠的手如从左、右前上方斜向里收，也是以手领肘先将肘贴于肋旁，然后手收转到裆前（如二路窝底炮的右手），不可使肘离肋内收，那样做必然使手部离开中线，以致丢劲。

陈式的手型共有三种，即掌、拳、钩。掌的指部要自然伸开，拇指根节靠拢掌部，梢节自然松开。在动作时，五指自然随着顺、逆变化作螺旋转动，一般总是转 45° 至 90°，在特殊情况下还需要加大角度，但绝无正面向着上、下的形状。拳要旋转着握实，握拳的方法从小指依次至食指旋转着紧贴掌心而握，大拇指则斜扣于食指、中指的中节，成螺旋形。钩手则食指与无名指合于中指下旁，再以大拇指合于这三个指尖的下边，小指亦合在大拇指与无名指夹缝间，如鸡头、鸡嘴状，但腕部不允许弯而向下。陈式的手腕是随着顺逆缠法的变化而活动的。不论是掌或拳，凡走顺缠，则腕应略向里转，外开则掌的中指、拳的食指中节都向外上斜转；向里收转，则掌、拳侧向前下斜角转回。走逆缠，则腕部略向外转，开时走向同侧前上角，收时走向同侧后下斜角。都要作螺旋运动。

五、太极拳法变化符合对立统一法则

上面介绍全身肢体的具体配合，可以看出陈式动作完全符合对立统一法则。为了达到这点，自转的顺逆变化是不可须臾而离的。《太极拳论》所说："欲避此病，须知阴阳。阴不离阳，阳不离阴，阴阳相济，方为懂劲。"该书中所谓阴阳，含有几组对立的概念。它包括劲的虚实、刚柔、开合、进退、收放等，以及这些方面和方向的对立统一。我们试以手的顺逆缠法为例。顺缠是开劲，逆缠是合劲，这是必然的。但顺缠时，手的小指向内旋，大拇指向外旋，岂不同时就有合法？开劲属刚，合劲属柔。开合、刚柔在同时的同一动作中表达出来，岂不便是刚柔相济、收即是放的对立统一法则？

陈式的公转是以自转的顺逆缠法配合着进行的正旋或反旋运动。正反旋法虽然走的是弧线，在转折之处则要走反"S"或正"S"形。陈鑫说："得势争来脉，出奇在转关。"来脉，指的是对方着法的劲路；转关，指的是顺逆自转和正反旋法在变化转折那个时间方向、角度的配合问题，这是关系技击方面怎样借劲或变为截劲的方法。"无过不及"乃是从拳的着法练得既正确又纯熟而自然获得的效果。

《太极拳论》说："由着熟而渐悟懂劲。"又说："懂劲后愈练愈精，默识揣摩，渐至从心所欲。"可见对拳理拳法的认识，必须先认识什么是着法才行。我认为，懂劲是指懂得劲在什么时间走什么方向以及它的变化，而且应当了解它在技法上"为什么"要这样。懂劲应当在学式子的同时，先懂得每个式子中的动作是什么着，这一着和另一着在什么时候变化方向、角度，再进一步了解它在技法上为什么这样。一般人总说，学拳套路不学推手，不能得拳奥妙。我认为，推手只是学式子后的一种科学试验，学者可以利用试验来检查平日所学所练的动作是否正确，如发现错误，便及时按照拳的规律进行纠正，这样，才能由着熟而达到懂劲。如果空谈懂劲，却不明白着法，劲是不可能懂的。陈式的配合变化有毫厘之差，若不知劲路的变化，便不可能达到四两拨千斤、我顺人背的良好效果。

六、太极拳推手中怎样运用十三势

如太极拳是一座建筑物，十三势则是它的建筑原料。在手法上为掤、捋、挤、按、採、挒、肘、靠八法；在步法上为前进、后退二法；在眼法上为左顾、右盼二法；在身法上为中正一法。陈式与其他式在原则上原是相同的，但在讲解和运用中大有不同。今按眼、身、步、手四个方面依次介绍如下。

眼法：眼是负责观察地势、敌情，以指挥肢体因敌变化的器官。它的注意方向经常是前进而无后退的，它观察所及的范围角度为150°左右。而且在这个范围内注意的点即目标外，还自然有面。俗语说的眼观六路应当是“一目了然”，而不可能把眼球转移六个方向。因此，我对十三势中的“左顾、右盼”解为左顾的同时应有右盼，反之，则右顾的同时也必有左盼。顾处是视力的集中点，是眼法的实处；盼处是除集中点外视力所及范围面，是眼法的虚处。有人解为：左为顾、右为盼。人们不禁要问，为什么左就为顾，右就为盼？恐怕没有正当理由可以说明。也有人将左顾右盼与前进后退并为一谈，说这属步法规律，也是讲不通的。因为脚上没有长眼，步法不适用顾盼字样。

身法：负责带动步、手而因敌变化。它的规律是动中的中正安舒，而非呆板的中正。陈式的全身运动，即以螺旋为主，所以身法也同样应当是立体螺旋的。只要眼看固定方向，则身向左右旋转时，自然形成立体螺旋之状。但应注意，在一般拳式中的旋转方向经常是45°，而躯干旋转上下配合，又经常是胸以下可以随裆劲的下塌转得略多于45°。当然在步法进退时，身法可以随势加大角度。而身体旋转中，肩部可以一边略高、一边略低地倾斜，才能形成螺旋主体。但不可走得太过，使腰劲折断。

步法：在陈式拳的上下配合规律中是较重要的，所以陈鑫说：“手到腿不到，发人不巧妙；手到腿也到，发人如薅草。”所谓的到与不到就是指的步法。一般武术也有“手似两扇门，全凭脚打人”的说法，按说这也是指步法而言，不过往往被人误认为手只能防御，攻击则须用脚的踢蹬，那就错了。关于陈式步型，前面已作介绍。这里再讲讲脚的八法和步法怎样进退。

脚的使用八法为：踢、蹬、踹、摔、扫、跺、套、衬。踢劲在脚尖，蹬劲在脚踵，踹劲在脚掌，摔劲在脚面外侧，跺劲在全脚（但分前后，前把劲在足踵里侧，后把劲在足尖里侧），套是将脚进在对方的腿部外侧，衬是将脚进在对方的腿部里侧（有人称之为插，虽然同样可以表明前进，但不如衬字更为恰当，因陈式进腿要求贴住对方腿部。插则可能离的尺寸不准）。八法中的前六法，都先用手法制住对方的双手，而后区别使用踢蹬等法，这样做较为保险，不致被对方以手接脚而被掀倒。但使用脚的六法都应先收提膝部，再发足劲，而且膝部总是略留余地，不完全展开。踢可以高齐下颏，蹬则仅齐膝胯。而且凡发腿脚的动作，实脚必须踏稳，裆必松塌，身体略向前斜，作出向心状态，以免足部发劲后被对方反作用力顶回。

套、衬二法是与每个步法进退经常连用的，推手所说“牵动四两拨千斤”的牵动法，不是用手，而是以套或衬法从对方的下盘旋转牵动他的重心。重心一被破坏，便能发挥四两拨千斤的作用。当然还得 “上下相随”得十分协调才行。

对陈式手部八法的理解和八法的作用：

掤有二义。一是指“劲”，即通过螺旋运动的顺、逆互变，持久锻炼自然产生的一种劲，就是“缠丝劲”。陈发科师称之为掤劲，也就是一般所说的内劲。运用这种劲贯穿于各种手法的便是掤、捋、挤、按、採、挒、肘、靠八法。二是指的手法八法之一的掤法。掤法是用以迎接对方来手的着法，由于对方进攻的手可以来自四面八方，所以陈式的掤法有正、反。从正面接手如第一金刚捣碓第一动作为正掤；从背后接手如二起脚、抱头推山、二路中的伏虎第一动作都属于反掤。 掤法是因敌而变的，所以可以用顺缠接手如捣碓、抱头推山、二起脚，也可以用逆缠如伏虎。第二捣碓是左侧掤法，第三捣碓是右侧掤法。左侧掤用逆缠，右侧掤则用顺缠（有人说顺缠为掤，不妥）。还有其他左、右、上、下、进、退之分，不再一一介绍。总而言之，掤法是以引化为主的。

捋、採、挒都是自身左右引进对方来力使之落空的着法，但手部自转与公转的配合，力的分合，圈子的大小各有不同。捋、採、挒接手的规律，陈式要求“右手来，右手迎；左手来，左手迎”。我根据陈师示范和个人实践经验，加上“靠外侧迎”四字，因为这样做可以用一只手制住对方的双手。

下面我们分别介绍採、捋、挒的配合与作用。採以顺缠接，接住对方腕部后立变逆缠，向左或右后上斜角引进，肘仍松沉，手高不许过眼，前手用腕掌之间的部位顺缠搭在对方的肘关节上边，下塌外碾地先和后手走同一方向的合力，当引到肘尖齐乳房前，便变分力，迫使对方向我方身后旁倾斜，如金刚捣碓第三动作。捋也用顺缠接对方腕部，然后用收的手法向左或右下斜角引进，手到心口指尖向里下转，而大拇指外碾，肘则紧贴肋部（左肘贴左肋，右肘则贴右肋），随身向左或向右旋转，前手也用顺缠搭在对方肘关节上侧，下塌外碾，走到肘经胸前，再从合力变为分力，如六封四闭第三动作是左捋法，当门炮是退步右捋法。挒法与採、捋的手部配合不同。採是右手以顺缠接手立变逆缠，向后上方走高圈；前手顺缠，指高与下颏平；捋用双顺缠，前手高齐胸前，挒则虽亦双顺缠，前手高齐胸下，而且初接手时虽是合力，立即变为分力，如倒卷肱左右退行的头一步，二路斩手的转身动作，都是找对方反关节的。陈师经常嘱咐：不可轻试。以上介绍的是双手採、捋、挒法。也有单手採、捋、挒来配合另一手其他种着法的动作。如白鹤亮翅是右採配合左下按法，击地捶是左採配合右下击法，第三捣碓第三动作是右手单挒配合右足收带法。

挤是手背向外，按则手心向外，亦有单双、左右之分。须知顺逆缠法互变，挤按互变只在一反掌之间，全因敌而变化。

陈式的肘法也有数种，如顺拦、拗拦、连环等法，发肘的方向和步的方向一致的为顺拦（陈式各式均为顺鸾、拗鸾，“鸾”字对这个着法没有什么意义，“鸾”乃“拦”字之误。因肘法是截拦对方劲路而发的，故我改为顺拦、拗拦）；和步的方向相反的为拗拦。二路手肘式（原名兽头式），两手互发而两肘向后互发，故称为连环肘。但应注意，陈式发肘都是步法进到一定步位，双方身体已经接近才因敌而发。所以顺拦的肘用逆缠发劲，手心正对心口，肘尖略出肋部；拗拦肘则系左引右发，用顺缠下塌外碾的劲，肘虽离胸数寸，手仍不超过胸前。

陈式靠法亦分数种，有肩靠、胯靠、臀靠、膝靠。肩、胯靠均于步法进到对方腿部内或外方，躯干十分接近时，足尖一踏，即行发劲。方向是偏于左右两侧的，身体在发劲时，只作左右旋转，不许以身找人。臀靠向下塌裆劲以压对方腿部，如穿地龙第二动作是解决背后有人搂住腰部的着法。膝靠是下面进膝攻对方裆部的着法。陈师也经常嘱咐，这是与生命攸关之法，不许随便使用。

我们了解了十三势的基本规律，还应了解推手时怎样做到“上下相随”。首先，眼要不高不低地专注对方的动作。因为太极拳主张“彼不动，己不动”，符合军事上“人不犯我，我不犯人”的原则。所以在1956年我再次向陈师请教时，陈师说：“这套拳的每个动作都不是空的，都是有用的。”这才把起式第一动作改为双手在心口前左前右后架式，表示为了自卫而非攻击。这就是推手时双方手部刚一接触的掤法。捣碓第二动作，我方双手向后引进，左肘下塌外碾，使对方劲力落空，同时进左步于对方的右腿外侧，在手部为採法，在步法则系防止对方变步或抽回为套法。当对方因梢节被掤化，而继进的肘部被我以下塌外碾之法引进落空，必然又进肩靠。我即身变左转，以左手背向他的右方拨转，是为挤法，同时用右手封住他的右手于对方腹部左侧，便是左挤、右按。这一圈共三个动作，包括採、捋、挤、按。下面对方应当身先向左转一点化劲，即用左手缠我方左手，身体变为右转而进右步，想用採法制我。我即身向左转，左足外摆 45°，随进右步于对方左腿的里侧，手以挤、肘、靠法连环前进。对方则身变左转，亦以左挤右按来解决我方的着法。这样反复进退练习，自然能由熟生巧，双方都守规矩而不泥于规矩，因敌变化，以适应双方的动作，一方面保持自己重心的平衡，同时破坏对方的平衡，以决出胜负。

适应对方动作的方法说来倒很平常，只不过是善于“加”“减”而已。加减是从顺逆旋转的角度，正反公转的方向上略加变化，似乎不是难事，但在时间的快慢、角度的大小方面加减得分秒毫厘不差，却是不易。只要功夫练到高度正确而精熟，则用时不必有意便能随机应变。一般太极刊物虽强调用意不用力，但未免把意说得神乎其神了。

七、论意与力及力与巧的关系

人的动作是由意支配的。在习拳中，应当把“意”理解为合乎拳理的一种思维活动，是一种“理想”，而非空洞的“幻想”。我根据学拳的经验，认为学拳，特别是陈式拳，的确要用“意”而不用拙力，但并不是有力不好，而是要力与巧相结合。应当承认，力是第一个应当具备的条件，巧是学与练出来的善于用力的科学方法，所以力与巧不能偏废。但我看到太极拳推手比赛中，不少人在开始先按正规要求划几个圈子以后，一到进攻时候，便撒开了手而互相用力推拉，好像正规的掤、捋、挤、按等法全不适用，必须舍近求远地出奇制胜。而制胜的方法，出于哪种拳式，可能自己也莫名奇妙。太极拳既为国内外爱好者所重视，如果照这样下去，怎么能够稳步走上国际体坛？

八、太极拳流传中存在的问题

由于习太极拳的知识分子较多，所以有关太极书刊，解放前就比较多。解放后如陈式、杨式、武式、吴式、孙式都出版过，国家体委也编制了简化二十四式、四十八式、八十八式，阚桂香编的陈式三十六式、陈小旺编的陈式三十八式也先后出版，而且流传到国外。从形式上来看，原是好的。但就陈式而论，由于编者的领会不同，因而在文字和拳照方面也各有其或同或异之处，未免使学者无所适从。今就其重要问题，提出如下：

1. 关于缠法

缠法是陈鑫首先提出的陈式太极拳的主要规律，并且郑重地说：“不明此，即不明拳。”但沈家桢所著的《陈式太极拳》一书将缠丝劲列到第三特点，所介绍的白鹤亮翅例子，说为“右顺左逆的缠法”，但式子说明却说为“双顺转双逆”，前后自相矛盾。既说顺逆缠法以手心的上下翻转为准，但所画顺逆缠法示意图中六个阶段，只有一、二翻转手心，四至六却只以手指向里外拨转。手部缠法的配合，有一顺、一逆、双顺、双逆，但手与腿上缠法的配合又恰相反。该书又说，手腿缠法是上下一致的。这又前后矛盾了。其他各书的说法也不一致，似乎对缠法问题并不十分重视和真正明确。

2. 关于重心问题

拳论原有“立如平准”“腰如车轴”之语。平准、车轴都是取用杠杆方面的支点，支点是不许移动的。各陈式太极拳书都在步法变化时说“重心全部移于某腿”。这不但与平准、车轴的要求不同，而且违反陈式重心随遇平衡的原则。

3. 关于双重问题

双重这个名词是《太极拳论》提出来的。什么是双重，怎样避免此病，《太极拳论》已有说明，即“左重则左虚，右沉则右杳”。这是讲的手足虚实配合。如果原句加上手、足二字，说为左手实则左足虚，右手实则右足虚，便可使学者一看就明白了。由于古人的文字简略，遂使众论纷纭，莫衷一是。有说“马步是双重”的；有说“指推手时对方实则我方以虚引化”的。甚至有无名氏写的一篇《太极轻重浮沉解》说：“双重为病，双沉不为病，而且是功手，自尔腾虚。”也有人为避双字而专讲单重。以上这几种说法是否正确，我们用陈式手足动作的配合便可证明。金刚捣碓的左步前进时，左手正向右上转，拦擦衣的右步迈进时，右手正向左收转等，均可证明是手实步虚。如前面手足同实，则前足必然不能自由活动。当练架子时，怎能知前足为虚呢？陈鑫曾说练拳时无人若有人，就是要求心目中应有假设的敌人，而从严从难从实战出发地练习。既有假设对手，则对手的来着如何，也应当心中有数，并要知道我应用什么着法进行应付。第一金刚捣碓是对方正面用右拳进攻，我以右手迎接，左手以手腕搭在他的右肘关节外上侧向右上斜角引进，这时我方採法的左手下塌外碾是实的，所以左步必虚，方能前进。拦擦衣第二动作是对方从右侧双手按我右腕部，我虽不用力来抗，但加上对方来力，就等于实的。右腿如不虚，当然也不可能向右进步。陈式口诀为“前发后塌”。陈师在推手发劲时只用半马步，这是避免双重的方法。

4. 其他

陈式公转正旋时，顺缠则先沉肘贴肋，前臂斜转，中指扬起，如金刚捣碓的右手。变逆缠时应以手领肘并向外转出，肘应低于肩部约五寸许，不许肘与肩平。如今练陈式者常常手指下垂，显然不对。又捣碓的左手是公转的反旋法，向上转回肘，应先肘向里收转。如今练陈式者又常常不注意收肘，这是个严重的毛病。

第二章　洪式太极拳单手圈说明

一、正手圈

图2-1

假定用右手（左手亦然）练习，它的线路如下：

手高齐右眼角，角度为胸前45°处为预备式。（图2-1）

动作一：身左转，松肩沉肘到肘贴肋，前臂顺缠自转走外下弧线，手指上扬。如一路拳第三式六封四闭第一动作的侧掤、二路右单云手等。假如对方手在我方手臂下面便为捋法，如六封四闭第三动作左转身捋法。（图2-2）

图2-2

动作二：身仍左转，手随身体的左转，收到心口前，手指上扬，手心斜对心口，手部为掤法，肩、胯部为靠法。如拦擦衣第三动作的下半圈（不拘手顺缠收手或逆缠收手，当手收到手心斜对心口时，手指上扬，手部均为掤法，而肩、胯部即为靠法）。应知道的是，第二动的左转，左肩与左胯不准转大。左肩既要与左胯合住，更要与右胯合住。肩部左转的幅度，不能超过15°，形成往右去的力，形成这一动的立体形式和角度，右腰部不仅不准凹进去，胯部更是随身的左转形成往右前进的力。（图2–3）

图2–3

动作三：身略左转一点儿立变右转，手顺缠随腰的左转往上托一点儿为挒法，如一路第二十九式上云手第三动的挒、靠、肘、挤、按法（此例为左手。肘法使用起来，前臂部顺逆皆可用。如对方侧面贴近我偏前一点儿的人，我方肘法前臂应用逆缠；贴近我偏后的人，即用顺缠。不拘前臂部顺逆，手腕部必须略扬起，不许下垂。还有句话叫“打肘不见肘”，是说不许把肘高高抬起或肘部离开肋部单独击打，而是用全身松沉之力发劲）。单手挒法兼靠法如一路第十三式右转身搗碓第三动作。（图略）

动作四： 手继续沿胸前45° 走右前上弧线为按法。手由顺缠变逆缠，应随腰的变化而变，不是手的单独翻转，而是手走S形（因是左右手，因此有正S与反S之分）。（图2-4）

图2-4

图2-5

动作五： 身仍右转，手继续走右前上弧线，手领肘，肘领肩回到原来的角度，为採法。如一路第六式白鹤亮翅的第二动和第一捣碓第三动作等。正手圈完成后的图形，如一椭圆形的鸡蛋，大头在外，小头在里。（图2-5）

二、反手圈

假定仍以右手为例，同正手圈预备式。（图2–6）

图2–6

动作一：身左转，收肘齐乳，手指上扬。对方手在上面为掤法，如再收第二动（此例为左手，不拘左右皆可用）；一路第十五式庇身捶的第三动。（图2–7）

动作二：身略左转立变右转，手随身的右转回到胸口前，手指上扬，为掤法，肩部为靠法，肘臂部为肘、挤法，手部为按法。如庇身捶第二、三动作与一路第十四式十字手第二动作的右靠法；与正手圈的第二动一样，肩与胯部都不许转大，要合住。（图2–8）

图2–7

图2–8

动作三：身继续右转，手变逆缠，沿腹部、胯部走外下弧线，为挤法，如一路第六十一式第二动左进步挤；一路三十九式右转身蹬脚第二动（此例均为左手）；一路十字手的第一动右下挤法。（图2-9）

图2-9

动作四：身继续右转，小手指上挑，在胸右前继续走外上弧线回到原处，为挤、採、按法；第四动与第一动转换处，为按法、小捌法。如一路第七十八式退步跨虎第三动右手走外上弧线时，一定要手领肘，肘领肩，不许亮肘。反手圈完成后，亦如椭圆形鸡蛋，不过大头在里而小头在外。（图2-10）

图2-10

练习反正旋单手圈时，眼看固定方向，胸部不许超过45°，胯部可大于45°，但尾骨不能左右摆动，而是随着腿部的一提一落，形成一螺旋的小倒三角线路。

为了说明两个单手圈的线路，只能大体划分四动，其实每一动里无论在任何部位均可根据对方的方向，高、中、低等不同角度变换各种着法。拳式子里每个“着式” 的用法，就是根据对方来力的方向而变化的。当有了一定基础后，在具体实践中自然会体会出来。也就是说，反、正两个单手圈亦可大可小，真正实用起来，可小到从外形看不出圈来的。

腿部的变化，身左转，左腿必顺缠，右腿必逆缠，反之亦然，这是与生俱来的。看似简单的两个单手圈，既包括了手的八法、手和臂部的公转与自转、腿部的顺逆自转、身体的自转等整个套路中的要求，也是手臂在整套拳中的线路。久而久之，自然就会产生柔韧性以及与腰裆的螺旋配合，当练起套路来，自然就圆柔、顺随、不僵硬，还可以防止学生亮肘。因此，我要求学生多练习划反正旋单手圈。

第三章　洪式太极拳一路详释

洪式太极拳一路共81式，每式严格按照眼、身、步、手的顺序，逐式详释如下。

预备式

静心正立（假定面向北），周身自然，不可紧张，眼平视前方；双手下垂于两腿旁，手心向腿；两脚分开约一肩宽，脚尖向前。（图3-1）

要点： 平常练拳因地就势，不必拘定方向，而守一定的位置。但北辰北斗皆在北方，学者宜心向之，仰承天机人之中气，乃有真宰。故设图以面北、背南、左西、右东定为准绳以示规矩。

图3-1

一、金刚捣碓

式名考释：凡是一套拳都有式名，主要是为了学者便于记忆。取名的方法大概有以下几种，一是象形的；二是说明动作的；三是说明作用的。

金刚捣碓，此式系象形的。“金刚”神明也，“捣碓”如同捣臼之状。陈式老谱又名“护心拳”。

此式共有七个分解动作。

动作一：面向北，眼视正前；身略左转，胸向正前方，两腿随身左转松裆屈膝成小正马步；同时，右手顺缠，以肘为轴走下弧线转到胸前，手心侧向左后上斜角，手指扬向右前上斜角，左手配合右手同时逆缠，走外上弧线转到下颏前方的一尺位置，手心侧向右前下斜角，手指扬向右前上斜角。（图3–2）

图3–2

作用：正前上掤法。假设有人在正前方，右步在前，用右手攻击我胸部。我身略左转，用右手腕顺缠旋转接其右腕外侧，拨其来劲，使之落空；同时以左手腕搭其右肘关节外上侧，以防其进肘，为右手接应。

图3-3

动作二：眼法不变。身略右转，胸向右前斜角；右腿变顺缠，屈膝松裆塌劲，以右脚跟为轴，向右前斜角外摆脚尖45°；左腿同时变逆缠，以左脚尖为轴，向左后斜角旋转脚跟，成右小盘步；同时，右手变逆缠，以手领肘走外上弧线向右前上斜角上转，高与口齐，手心侧向右前下斜角，手指扬向左前上斜角，左手配合右手变顺缠，在原处松肩沉肘，下塌外碾，走里小弧线，手心侧向右前上斜角，手指扬向左前上斜角，两手距离仍保持一前臂宽。（图3-3）

作用：双手右引掤法。对方右手被我掤化后，用肘、肩连环法攻击我的胸部，我随势右转身，用右手腕拨其右腕部；左手顺缠，配合右手成引掤法。

图3-4

动作三：眼法不变；身继续右转，右腿仍顺缠弓膝，松塌裆劲，左腿随身右转，以脚尖贴地，经过右脚的里踝进行到右脚的左前方，经过左前虚步（约一肩宽），向里斜勾脚尖，用脚跟里侧贴地向前进一大步（约二肩宽，或更大些，最多三肩宽为度）成左仆步；同时，右手仍逆缠走外上弧线继续向右上斜角上转，高与眼齐，距眼尺许，手心仍侧向右前下斜角，手指仍扬向左前上斜角，左手配合右手顺缠，走里上弧线松肩收肘，肘尖收到胸前，手的高度不变，手心仍侧向右前上斜角，手指仍扬向左前上斜角，两手距离仍保持一前臂宽。（图3-4）

作用：进左步右採法。对方进攻的手肘都被我掤化，又进右步用肩靠我胸部。我随势加大右转身，用双手右採，同时进左步到对方右腿外侧，以左脚尖斜勾其右脚跟使之失去重心平衡。

动作四：眼法不变；身略左转，胸仍侧向右前斜角，左腿变顺缠，屈膝塌裆劲落下脚尖，右腿变逆缠，膝仍弓住，脚不转动成左侧马步；同时左手变逆缠，以腕为轴，沉肘走里下弧线转到胸前，距心口半尺许，手心侧向右后下斜角，手指扬向右前上斜角，右手配合左手变顺缠，松肩沉肘，走外下弧线转到脐前，如推物之状，手心侧向左前上斜角，手指扬向右前上斜角，双手距离一前臂宽。（图3-5）

图3-5

作用：左挤右按法。对方的手、肘、靠都被我化开，又向右转身，运用连环的靠、肘等法攻击我。我随势左转身，以左手贴其右肘关节外上侧向前上方挤之，并以右手将其右腕按在他的小腹左侧。

图3-6

动作五：眼法不变；身继续左转，胸略向左前斜角，左腿仍顺缠，松裆屈膝，以脚跟为轴，脚掌贴地向左前方外摆脚尖，右腿仍逆缠，脚尖贴地走里前弧线，将右脚进到左脚的右前斜角约一肩宽落下，右脚平踏地面成右前虚步；同时，左手继续逆缠，走里前上弧线变顺缠收转到胸前，手心侧向右后上斜角，手指扬向右前上斜角，右手配合左手继续顺缠，肘贴右肋，以肘推手，走里下弧线转到左腕外下侧，手心侧向左后上斜角，手指扬向左前上斜角，左手在上，右手在下，呈斜十字状合抱胸前。（图3-6）

作用：左手化拿，双手反拿法。当对方的右肘被我掤化挤按后，只有左手可以攻击我，趁我左转之际，用左手拿我左腕向右拧转，以求解脱右手的被挤、按之势。我身仍左转，左肘沉下，左前臂及手指扬起，加大逆缠角度，先将对方的拿势化开，并以右手从对方左臂下侧插到对方左手腕里侧，形成抱缠反拿对方左臂。

动作六：眼法不变；身略右转，胸向正前方，左腿变逆缠，屈膝塌裆劲，右腿变顺缠，提膝走里上弧线到裆前成左独立步；同时左手继续顺缠，松沉肘部走里下弧线转到胸前，手心侧向右后上斜角，手指扬向右前上斜角，右手配合左手继续顺缠，松沉肘部，以小指领劲依次旋转握拳，收转在胸前，拳心侧向右后上斜角，拳眼侧向右前上斜角。（图3–7）

图3–7

作用：加大双手抱缠，并用右膝攻其裆部。当对方左手被我化解并被我反拿住，又欲左转身掉步解脱左手劣势时，我右转身，加大双手的缠劲，使其下蹲随我拿势，我乘机提右膝攻其裆部。

动作七：眼法不变；身略左转，胸向正前方，左腿变顺缠弓膝塌裆劲，右腿变逆缠，将右腿旋转踏在左脚的右侧约一肩宽，屈膝塌劲，左脚尖内扣成小正马步；落右脚时，也可以发劲有声，成震脚动作；同时左手顺缠，从胸前下转到脐部变小逆缠，手心略偏向右后，中指略指向右前上斜角，右拳配合左手变小逆缠，落在左掌心，拳心侧向左后上斜角，拳眼侧向右前上斜角。（图3–8）

图3–8

作用：用右脚下落震地，以加强双手捌拿之势。对方避开我右膝，欲用松沉劲化我双手抱缠。我加大双手缠法，借右脚下落震地之势，形成捌拿对方左腕，并可下踩对方脚面。

要点：第一动作要注意双手以中指领劲先动，肘不要先动。第二、三动作要注意双手的距离保持一前臂宽，不要越走越大。在出左腿时，要注意左脚尖向里斜着勾起，以左脚跟里侧贴地前进。

二、拦擦衣

式名考释：此式系说明作用的。"拦"是用螺旋掤化的方法，截拦对方的来劲，而拨转回去。"擦衣"是形容发劲的轻灵，使对方仅仅感到擦着衣服，便已牵动了重心。陈鑫老谱作"揽擦衣"。

此式共有五个分解动作。

动作一：眼视右前方；身略左转，胸仍向正前方，步型不变，左腿仍顺缠，右腿仍逆缠；同时右手变顺缠，肘不离肋，随身而转，将拳变掌走下弧线转向下前方，手心侧向左后上斜角，手指斜向左前下斜角，左手配合右手仍逆缠，从脐前走外下弧线略向下按，手心侧向右后下斜角，手指仍扬向右前上斜角。（图3-9）

作用：右手下掤法。假设有人在我右前方，左腿在前，用双手按我右肘、腕，按我右肘的左手劲较大。我眼注视对手，松塌裆劲，略向左转，同时右手松肩，以肘贴肋，手变顺缠掤化来劲；左手加大逆缠，以助右手掤化。

图3-9

图3-10

动作二：眼法不变；身右转，胸略向右前斜角，步型不变，右腿变顺缠，左腿变逆缠松塌裆劲；同时，右手变逆缠，松肩沉肘，走外上弧线转到右前上斜角，高与眼齐，手心侧向右前下斜角，手指扬向左前上斜角，左手仍逆缠，走里下弧线，从脐前向左下斜角转出，高与左胯齐，手心侧向左后下斜角，手指扬向右前上斜角。（图3-10）

作用：右手採，左手按法。对方按我右肘被我掤化，又左转身，用右手封按我的右腕。我随势变右转身，松肩沉肘，以右手变逆缠向右上开，造成反拿对方右腕之势，左手向左外下按，以调节平衡。

图3-11

动作三：眼法不变；身左转，胸向正前方，左腿变顺缠，屈膝塌裆劲，右腿变逆缠，勾起右脚尖，用右脚跟里侧贴地向右横开一大步，约二至三肩宽，落在与左脚相对的右方，往后偏寸许的横线上，落下脚尖成右侧马步；同时，右手变顺缠，松肩沉肘，走外下弧线收到胸前，手心侧向左后上斜角，手指扬向右前上斜角，左手变顺缠，从左胯外侧走外上弧线向胸前收转，合在右臂弯里侧，掌根齐胸，手心侧向右后上斜角，手指扬向右前上斜角。（图3-11）

作用：右进步靠法。对方因右腕被我採拿，又将着力点移于他的左手，按我右肘。我随势左转身，松沉右肘，下塌外碾，掤化来劲，并将中指尖向右前上斜角扬起而转，使对方右手的劲反折回去。同时进右腿贴其左腿里侧，用右肩靠其左肋。左手收转掩护胸部。

动作四：眼法不变；身右转，胸向右前斜角，右腿变顺缠，左腿变逆缠，扣转左脚尖成右弓步；同时右手变逆缠，以手领肘，走外上弧线向右前斜角转出，高与肩齐，手心侧向右前下斜角，手指扬向左前上斜角，左手腕部略变逆缠沉肘（肘不离肋）落在胸前，手心侧向右后上斜角，手指指向右前下斜角。（图3–12）

图3–12

作用：右肘挤法。对方因化解我的肩靠而向左转身，以右手按我右腕。我随势右转身，借其攻我之力，用肘挤攻其胸部，左手配合右手助攻。

图3–13

动作五：眼法不变；身略左转，胸向正前方，步法不变，左腿略顺缠，右腿略逆缠，松沉左裆劲；同时，右手略变顺缠，松肩沉肘，在原高度旋转手腕，手心侧向左前上斜角，手指扬向右前上斜角，左手配合右手，走小顺缠，随身左转时，松肩沉肘，在胸前自转，手心侧向右后下斜角，手指垂向右前下斜角。（图3–13）

作用：从右侧靠变右肘挤法。凡靠、肘、挤总是连环的，因肩、肘、腕三节相连，动作只是正圈、反圈的互相变化。因此，或从靠变肘、挤，或从挤变肘、靠，全在因敌变化而已。当最后一动是从动到静的时候，全身要松沉，手、腿虽系同开，而各个关节与劲则遥相合住。每一个式子完成时，都有这个阶段，这是换气的过程，练成习惯后不论练得多慢，腿部不至于疲劳，不论练得多快，呼吸仍然可以保持匀静，不至于发喘。

要点：眼要注视对手，不要随手转动。第二动作开右手时最易起肘而违反规律要求。第三动作要同时合手出腿。第四动作要随身右转而扣左脚尖。第五动作要保持右弓步的松塌。

三、六封四闭

式名考释：此式系说明动作作用的。“封”是封对方的手脚和劲路，“闭”是闭住自己的门户，这是攻守兼备的作用。太极拳的每式、每个动作都包括着引化与攻击、封锁与关闭的矛盾对立而又统一的作用。陈鑫老谱皆此名。但在搂膝拗步式中曾介绍此式亦名“六封四闭”。而现在的六封四闭仅是从拦擦衣转变为单鞭的过程。它式太极拳有“如封似闭”的式名。

此式共有五个分解动作。

动作一：眼法不变；身略左转（小腹转得多，胸部转得少），右腿逆缠屈膝不动，左腿顺缠，松沉左膝成右侧马步；同时，右手继续顺缠，从右前斜角向胸前收转，手心侧向左后上斜角，手指扬向右前上斜角，左手在胸前继续以手指顺缠自转，手心侧向右后下斜角，手指垂向右前下斜角。（图3-14）

作用：右手侧掤法。假如有人从我右前方左步在前，用右手按我右腕。我随势左转身，松沉左裆，用右手顺缠，右肘内收掤化来劲。左手在胸前作小旋转，以配合右手掤化之势。

图3-14

动作二：眼法不变；身右转，胸向右前方，右腿变顺缠，屈膝塌劲，左腿变逆缠，松裆垂膝成右半盘步；同时，右手变逆缠，向右前上斜角转出，手心侧向右前下斜角，手指扬向左前上斜角，左手变逆缠，随右手的开展进到右臂弯里侧，手心侧向右后下斜角，手指扬向右前上斜角。（图3–15）

图3–15

作用：右挤法的基本练习。

动作三：眼法不变；身左转，左腿顺缠，脚尖外摆向左前斜角，屈膝塌劲，右腿逆缠，放松裆部，膝盖侧向左前斜角，脚尖方向不变；双手变顺缠，右手松肩沉肘，下塌外碾地向胸前收转，但肘部随下塌里收，而前臂以上侧向上左碾，右手心侧向左前上斜角，手指扬向右前上斜角，左手也沉肘向下沉（但不离肋）缠到胸前，手心侧向右后上斜角，手指扬向右前上斜角。（图3–16）

图3–16

作用：不动步的左捋法。假设对手从我右侧左步在前，以左手进击时，我先以左手缠彼左腕向胸前引进，同时以右手（掌、腕之间）搭在彼之左肘关节外上侧，松肩沉肘下塌外碾，随左手的缠法旋转。但应注意左手要贴胸而缠是引进法，右手则是四两拨千斤法，所以左肘不可沉得太老了，以免失去外碾的劲。捋法不论向左、向右，都是双手顺缠中盘劲，与採法的前手顺缠大沉肘、后手逆缠走高圈的不同，这是因为对方的来劲路线不同（採是来劲偏高，捋则来劲中平）而因敌变化。

动作四：眼法不变；身略左转，左腿顺缠塌劲，右腿变逆缠屈膝成右侧马步；同时双手仍继续顺缠，向左上略托领（右手较高），右手心侧向左前上斜角，手指扬向右前上斜角，左手心侧向右后上斜角，手指扬向右前上斜角。（图3–17）

图3–17

作用：双手上掤法。对方左臂被捋失势，而松沉裆劲，用左手挤化我捋势。我加大双手顺缠变为向左上托，把其挤劲掤化。

动作五：眼法不变；身右转，胸向右前斜角，右腿变顺缠，屈膝塌劲，左腿变逆缠，提膝带脚走里右前弧线提到右脚的左后外斜角落下，双脚相距一肩宽成左后虚步；同时，双手变逆缠，经颏下斜向右前下斜角按出，手高齐胸，两手中指相距约五分左右，右手心侧向右前下斜角，手指扬向左前上斜角，左手心侧向右前下斜角，手指扬向右前上斜角。（图3–18）

图3–18

作用：跟步双按法。对方挤法被我掤化，在失去重心平衡的一瞬间，我随势将他的左手封在他的胸部，再跟步发出双手按之。从以上各动作，可以证明，捋是引进，是闭法，按是合，是封法。也就是《推手歌》所说：“引进落空合即出。”更要特别注意其中的掤法变化，不然，就不能使之落空。

要点：第一动、第二动步法变化一定要注意分清缠法的顺逆；第三动、第四动双手距离要注意保持一前臂宽，不要越转越大；第五动作的右脚斜、左脚正，双脚配合成三角形。

四、单鞭

式名考释：此名系象形的，因式子完成时，双手平开，一左一右，如同一条扁担似的，故取为名。各式太极拳式名均同。

此式共有五个分解动作。

动作一：眼法不变；身继续右转，胸向右前斜角，左腿仍逆缠，右腿仍顺缠，步型不变；同时右手变顺缠，松沉肘部走里下弧线向右肋收转，手高仍齐胸，手心侧向左后上斜角，手指垂向左前下斜角，左手继续逆缠，从右手上方走上弧线，向右前斜角按转，手心侧向右前下斜角，手指扬向右后上斜角。（图3–19）

图3–19

作用：右手引、左手按的被拿解脱法。假如有人在我右前斜角以右手反拿我右腕，向我胸前封按。我随势再右转身，松沉右肘引化其来势，并用左手贴其右腕向前按，以助右手引化之劲。

动作二：眼从右前转视左前；身左转，左腿变顺缠，右腿变逆缠，步型不变；同时，右手经过腕部的下沉，与指部向里上转的小顺缠，当手心侧向右后上斜角，手指指向右后上斜角时，而变为顺缠螺旋勾手，再变逆缠走外右上弧线，斜向右前上转。勾手时，先以小指勾转，依次勾住，如以手撮来之状，将大拇指斜扣于食指、无名指之间。但勿折腕，高仍齐胸，手心侧向左

后下斜角，勾尖斜向左前下斜角，左手变顺缠，沉肘旋腕，手心侧向右后上斜角，手指扬向右前上斜角。（图3-20、图3-21）

图3-20

图3-21

作用： 左引右挤的解脱法。对方因右手被我引化，又用左手配合右手进攻。我随势左转身，用左手引其左腕，向胸前掤化，并用右手挤其胸部。

动作三： 眼法不变；身略右转，胸向正前方，右腿变顺缠，屈膝松沉裆劲，左腿变逆缠，勾起左脚尖，用左脚跟里侧贴地向左横开一大步，约二至三肩宽，落在与右脚相对的左方，往后偏寸许的横线上，落下脚尖成左侧马步；同时右手在原处逆缠，转到手心和勾尖都侧向右后下斜角，左手继续顺缠，肘不离肋，手心侧向右后上斜角，手指扬向左前上斜角。（图3-22）

图3-22

作用：左进步靠法。假如有人从我左前方右脚在前，双手按我左手腕、肘部，以求助我右前方的敌人，造成对我夹击之势。我随左前方敌人按我之机，进左步于其裆内，用左肩靠其胸肋部，右手仍用挤法以攻击右方之敌。

动作四：眼法不变；身左转，胸向左前斜角，左腿变顺缠，屈膝塌劲，右腿变逆缠，向里扣转脚尖成左弓步；同时左手变逆缠，以手领肘，肘领肩，走外左上弧线，斜向左前上斜角转出，高与肩平，左臂不伸直，手心侧向左前下斜角，手指扬向右前上斜角，右勾手继续逆缠，似与左手共同拧直一条绳子似的，勾高齐肩，勾尖转向右前下斜角。（图3–23）

图3–23

作用：从左靠变左肘挤法。对方按势被解，又转按劲向我左方拨我左肘，以解我靠。我随势左转身，用左肘攻其心口，同时用左手挤其左腕。

动作五：眼法不变；身略右转，胸向正前方，右腿变顺缠，左腿变逆缠，步型不变；同时双手松肩沉肘，在原处变顺缠，右手勾眼转向左前上斜角，勾尖垂向左前下斜角，左手心侧向右前上斜角，手指指向左前上斜角。（图3–24）

图3–24

作用：全身松合，将劲贯足于指尖，以加强挤法。

要点：第二动作注意眼法随身左转而调整眼看方向。第四动作注意右腿不可蹬得过直，右脚尖一定要向里扣，左手开时右手在原处随之自转。

五、左转身捣碓

式名考释：象形同前。《陈式太极拳》（注：《陈式太极拳》，1963年由人民体育出版社出版，沈家桢、顾留馨合著。本书如再出现《陈式太极拳》，皆同此注）名第二金刚捣碓，以数字区别式之次第，亦便学者记忆，今加左转身，以明确方向的变化。此式似乎相当于各式太极拳的提手上式，但均无此名。

此式共有六个分解动作。

动作一：眼法不变；身左转，胸向左前斜角，左腿变顺缠，右腿变逆缠，松裆垂膝成左半盘步；同时左手变逆缠，沉肘旋腕走里下弧线，转向左前方，手心侧向左前下斜角，手指扬向右前上斜角，右手继续顺缠，勾手变掌，松肩收肘贴右肋，手走外下弧线转到胸前，手心侧向左后上斜角，手指扬向左前上斜角。（图3-25）

图3-25

作用：左手单掤法。假如左前方有人用左手向下拧我左手。我随势左转身，松沉左肘，手变逆缠，扬起中指以掤化其劲，右手收回以作接应。

动作二：眼法不变；身右转，胸向正前，右腿变顺缠，屈膝塌劲脚尖外摆，左腿变逆缠，松展左膝成右反弓蹬步；同时左手变顺缠，肘尖向里收到左乳下寸许，左手下塌外碾走外上弧线收到胸前，手心侧向右后上斜角，手指扬向左前上斜角，右手变逆缠，走外上弧线，向右前上斜角转出，高齐右眼，手心侧向右前下斜角，手指扬向左前上斜角。（图3–26）

图3–26

作用：左手单引掤法。对方因左手被掤化，又加大力量按我左肘，攻击我的胸部。我随势右转身，收左肘引掤来劲。右手上转以调节平衡。

动作三：眼法不变；身左转，胸向左前方，左腿变顺缠，以左脚跟为轴向左前方外摆脚尖，右腿变逆缠，松裆垂膝成左大盘步；同时左手变逆缠，走里上弧线转到胸前，肘贴左肋，腕部贴胸向左旋转，继续前挤，手心侧向右前下斜角，手指扬向右后上斜角，右手配合左手变顺缠，松沉肩肘，走外下弧线转到脐前，手心侧向左前上斜角，手指扬向右前上斜角。（图3–27）

图3–27

作用： 左手单掤法。对方进攻被我引化，其左手握我左腕向里拧转，以求解脱。我随势左转身并向外摆左脚尖，加强我左手向左的掤化。右手内收配合左手的掤化。

动作四： 眼法不变；身继续左转，左腿仍顺缠屈膝塌劲，右腿继续逆缠，提膝带脚走里前弧线，落在左脚右前斜角约一肩宽成右前虚步；同时左手继续逆缠，以腕为轴走里前弧线在胸前旋转，手心侧向右前下斜角，手指扬向右前上斜角，右手继续顺缠，走下弧线转到胸前合在左手外下方，交叉为斜十字状，手心侧向左后上斜角，手指扬向左前上斜角。（图3-28）

图3-28

图3-29

作用： 抱缠法。对方拧我左腕的左手被我掤化，我随势加大左手旋转，造成反拿对方左腕之势，我继续左转，进右步，以右手斜扣于对方左手上面，右臂弯紧贴在他的左肘下面，加强反拿之劲。

动作五： 眼法不变；身略右转，胸向正前方，左腿逆缠，屈膝塌劲，右腿顺缠，右膝提起，膝盖里合，小腿松垂，成左独立步；同时左手继续逆缠握拳，拳眼侧向右后上斜角，拳心侧向右后下斜角，右手亦变逆缠，扣合在左手背上，手心侧向左后下斜角，手指略扬向左后上斜角。（图3-29）

作用：加强手部抱缠，并包括膝打法。对方欲向左转，以解手部的缠劲。我身略右转，加强手部缠法，并以右膝护裆，亦可攻对方的裆部。

图3-30

动作六：眼法不变；身略左转，胸仍向正前，左腿顺缠，屈膝塌劲，右腿逆缠，震落在左脚的右旁约一肩宽，左脚尖扣向正前，成小正马步；同时，双手仍逆缠，左手经心口下落在脐下，拳眼侧向右后上斜角，拳心侧向右后下斜角，右手随左拳下落在左手背上，手心侧向左后下斜角，手指斜向左前上斜角。双手的下转，要与右脚的震落同一时间。（图3-30）

作用：加强抱缠，并松合裆劲法。有病、体弱者，不可震脚，震脚应自然松落，以声音沉着而响，脚底不感震动为准，不可用力，震后脚疼。

要点：第三、四动作时，注意脚尖的外摆和上步时要提膝带脚。最后一个动作是左手握拳，跟第一个捣碓要分清楚。

六、白鹤亮翅

式名考释：象形。从字面上看，可以体会到双手是对开的，而不是合的。陈鑫老谱名为“白鹅亮翅”，意义相同；其他太极拳也名“白鹤亮翅”。

此式共两个分解动作。

动作一：眼转视左前方；身略左转，胸向左前斜角，左腿顺缠，屈膝塌劲，右腿逆缠，以脚尖划地向右横开一大步落在左脚的右方，成退行的左弓步；同时左拳变掌顺缠，在原位置旋转，手心侧向右后上斜角，手指垂向右前下斜角，右手变顺缠，贴在左腕上侧，肘不离肋，斜向左前下斜角插转，手心侧向左后上斜角，手指垂向左后下斜角。（图3-31）

图3-31

作用：退步下掤法。假如有人从左前方左步在前，用双手按我左肘，劲向我左偏。我随势左转身，横退右步，用右手顺缠掤化其攻势，左手继续顺缠掤化。

图3-32

动作二：眼法不变；身右转，胸向正前方，右腿变顺缠，屈膝塌劲，以脚跟为轴，外摆右脚尖，脚尖斜向右前斜角，左腿变逆缠，经里前弧线将左脚进到右脚的左前斜角约一肩宽，落下脚尖向正前方，成左前虚步；同时，双手变逆缠，右手走外上弧线，经心口斜向右前上斜角转出，掌高齐眼，手心侧向右前下斜角，手指扬向左前上斜角，左手也变逆缠走里下弧线，从裆前斜向左胯前下按，手心侧向左前下斜角，手指扬向右前上斜角。（图3-32）

作用：右手採左手按法。对方按我的双手被我掤化，又左转身进右步，用右手挤法攻击我的裆部。我随势右转身，用右手拿其右腕，向右前上斜角採出，左手同时用下按法按其小腹，并以左脚扫其右脚跟，使其失重。

要点：第一动作退右步时要注意上身不要前倾后仰。第二动作要注意脚尖的外摆。

七、搂膝拗步

式名考释：此式系说明动作的，重在“拗步”二字。因我们生活中走路时，迈右步则左手向前摆动，迈左步则右手向前摆动，拳式的动作却与人的生活习惯相反，而且右或左手足一同向前，故名之为“拗步”。

此式共有五个分解动作。

动作一：眼法不变向左前；身左转，胸向左前斜角，右腿变逆缠，左腿变顺缠，步型不变；同时，右手变顺缠，在原处自转，从右前上斜角转到正前方，距面一尺半许，手心侧向左后上斜角，手指扬向右前上斜角，左手继续逆缠，走里下弧线，从左胯前向左后外斜角转出，离左胯外侧约尺许，臂不可伸直，手心侧向左后下斜角，手指扬向右前上斜角。（图3-33）

图3-33

作用：右手引掤法。对方挤法被我採化，又欲右转身用肩肘攻我左肋部。我随势左转身，用右手拿其右腕向前拧转以掤化来势，左手向外斜转，调节重心平衡。

动作二：眼法不变；身右转，胸向右前方，右腿变顺缠，屈膝塌劲，脚尖外摆，左腿变逆缠，脚尖向里斜着勾起，用脚跟里侧贴地向左前斜角进一大步，约二至三肩宽，落下脚尖成左侧马步；同时，左手由逆缠变顺缠，收肘扬前臂，走外上弧线经左腮向胸前转出，肘不离肋，掌高齐胸，手心侧向右后上斜角，手指扬向左前上斜角，右手变逆缠，走下弧线，经心口前斜向右后外斜角转出，到右胯外侧偏后尺许，手心侧向右后下斜角，手指扬向左前上斜角。（图3–34）

图3–34

作用：进左步捋法。对方肘攻被我掤化，又右转身变挤法攻我胸部。我乘机右转身，进左步贴其右腿外侧，用右手拿其右腕下引，左手搭其右肘关节外侧下塌外碾，形成右捋法。

动作三：眼法不变；身左转，胸向左前方，左腿变顺缠，屈膝塌劲，右腿变逆缠，松沉右膝成左弓步；同时，左手变逆缠，走里下弧线，从胸前经左膝关节上侧向左前上斜角转出，到左膝外上侧，随转随勾手呈搂膝状，手高齐肩，勾眼侧向右后上斜角，勾尖垂向右前下斜角，右手变顺缠，收肘扬前臂走外右后上弧线跟右肩齐时，再变逆缠，走外右斜角弧线转到右腮旁，手心侧向左前下斜角，手指扬向左后上斜角。（图3–35）

图3–35

作用：左手肘挤法。对方挤攻被我捋化，又欲右转身用肘攻击我肋。我随势左转身，用左手先掤其势，待化开对方肘攻之势，即用左肘攻击对方左肋部，再用勾手挤其胸部，使之造成后跌之势。右手后转接应左手。

动作四：眼法不变；身右转，胸向正前方，左腿变逆缠，仍屈膝塌裆劲。右腿变顺缠，步型不变；同时，左手继续在原处勾手逆缠略向上提，勾眼侧向右后下斜角，勾尖垂向左前下斜角，右手继续逆缠，走外上弧线向右前上斜角平转出去（两手如同对拉一条线似的），手高齐肩，手心侧向右前下斜角，手指扬向左前上斜角。（图3–36）

图3–36

作用：加强左手挤劲。对方肘法被我掤化，造成背势，我改前挤为上挤，加强左手挤法，使其跌仰。右手上开调节重心平衡。

动作五：眼法不变；身略左转，胸向正前，步型不变，左腿变顺缠，暗换裆劲；同时左手变顺缠，在原高度走外小下弧线自转，勾尖转向右前下斜角，勾眼侧向右后上斜角，右手变顺缠，在原高度走小外下弧线沉肘自转，手心侧向左前下斜角，手指扬向右前上斜角。（图3–37）

图3–37

作用：松合全身之劲，贯于两手指尖。

要点：此式第二动作左手回转及第三动作右手回转都应注意，收肘扬前臂走外上弧线到腮部。第四动作右手向右开时，注意左手不要随之里合，应当两手相对沉开。

八、初收

式名考释：此名系说明动作的。前七式全系进的，第六式虽然右步退，而手则展开，至此式才是手、步同收的方法，所以名为初收。

此式共有两个分解动作。

动作一：眼法不变仍向左前；身右转，胸略向右前斜角，右腿变顺缠，屈膝下塌裆劲，左腿变逆缠，屈膝塌劲成左侧马步；同时，左手继续顺缠，下塌外碾，变掌走外下弧线，将手收转到胸前尺许，手心侧向右前上斜角，手指扬向左前上斜角，右手也顺缠走外下弧线，先向里收转肘尖，将手收转到心口，掌根贴心口，手心侧向左后下斜角，手指扬向左前上斜角。（图3–38）

图3–38

作用：双手收挒法。假如有人从我左前方用手双按我的左肘。我右转身塌裆劲，用左手沉收挒其来劲。

动作二：眼法不变；身继续右转，胸向右前斜角，右腿继续顺缠，屈膝塌劲，左腿继续逆缠，左脚跟贴地随身右转，往里收转半步到右脚左前斜角，约一肩宽，成左侧小马步；双手仍顺缠，左手走外下弧线，随肘往里收转到左乳前，手心侧向右后上斜角，手指扬向左前上斜角；右手在胸前自转，手心侧向左后下斜角，手指垂向左前下斜角。（图3-39）

图3-39

作用：退步掤法。对方双手被我掤化，又进右步加大按法。我身再右转加强双手掤法，并退左脚带其右脚，迫使其失重后跌。

要点：第一动作右手走斜立的“S”形。第二动作退左脚时一定要脚跟贴地，收转要迅猛有力。

九、斜行拗步

式名考释：根据陈氏老谱练法，系向左前斜角前进三步，所以叫作“斜行”，而不是“斜形”。各式太极拳则统名搂膝拗步。

此式共有五个分解动作。

图3-40

动作一：眼法不变；身仍略右转（下盘转），胸向右前斜角，右腿仍顺缠，屈膝塌劲，左腿逆缠，提膝护裆部，成右独立步；同时，右手仍顺缠上领，手心侧向左后上斜角，手指垂向左前下斜角，左手仍顺缠在胸前自转，手心侧向右后上斜角，手指扬向左前上斜角。（图3-40）

作用：加大掤劲兼膝打法。对方进按被我掤化，又加大按劲迫我后仰。我加大双手顺缠上引之势，提膝护裆，并用膝关节上侧打其阴部。

图3-41

动作二：眼法不变；身左转，胸向左前斜角，右腿变逆缠，松裆垂膝，左腿变顺缠，在空中外摆，左脚尖向前斜着踹下，落在右脚的左前方成小盘步；同时双手略变逆缠，走下弧线转到胸口下边，左手手心侧向右后下斜角，手指垂向右前下斜角，右手手心侧向左后下斜角，手指垂向左前下斜角，合在左手手背上。（图3-41）

作用：转身挒拿兼左踹法。对方按法被化，又转身退左步拿我左腕拧转。我随势左转身，双手挒拿，左脚在其退步时踹其小腿或右膝盖。

动作三：眼法不变；身继续左转，左腿仍顺缠，屈膝塌劲，右腿逆缠，提膝前进，落在左脚的右前斜角，成右侧马步；同时左手顺缠在胸前自转，左肘贴肋，手心侧向右后上斜角，手指垂向右前下斜角，右手从小逆缠立变顺缠向前转出，两手保持一前臂宽，手心侧向左后下斜角，手指扬向左前上斜角。（图3-42、图3-42附图）

图3-42

图3-42附图

作用：进步双㧐法。对方避我踹法而退步。我乘机进右步，左手拧其左腕，右手制其左肘关节外侧成㧐势，使其前跌甚至脱臼。

动作四：眼法不变；身右转，左腿变逆缠，松沉左膝，塌好裆劲，右腿变顺缠，以右脚跟为轴外摆脚尖成右盘步；同时，右手变顺缠，走外下弧线收肘贴肋，将手转经右膝里侧上方，再收到心口，距离约尺许，手心侧向左后上斜角，手指扬向右前上斜角，左手变逆缠，走外上弧线，肘不离肋，扬前臂，左手继续变顺缠，经左腮旁，手心侧向右前上斜角，手指扬向右后上斜角。（图3-43）

图3-43

作用：转身㧐法。对方为避我㧐势而用右手接我右腕，用按法欲解脱左手被㧐。我随势用右手反拿其右腕，向右大转身，左手按其右肘关节外侧，利用右转身之势，加大双手的拧转角度，形成转身㧐拿对方右臂。

图3-44

动作五：眼法不变；身继续右转，胸向右前斜角，右腿仍顺缠，屈膝塌劲，左腿仍逆缠，提膝向左前斜角进一大步落下成左侧马步；同时，右手继续顺缠，走里左下小弧线将手转到胸前，掌根贴胸，手心侧向左后上斜角，手指垂向左前下斜角，左手变顺缠，从胸腹前走外下弧线斜向裆前，略偏左下转，手心侧向右前上斜角，手指垂向左前下斜角。（图3-44）

作用： 进步靠法。对方松沉右肘，退步欲化我捌势。我乘机进左步，用左肩攻其胸部，形成靠势。

要点： 第一动作双手上领时，两肘不离肋。第二动作外摆，用左脚掌里侧下踹。第三、四、五动作连续上步时，所走路线一定要在一条斜线上才符合"斜行拗步"。

陈式拳的步法是极有规律的，即如此式以前各式，以白鹤亮翅的左脚为基础，变搂膝拗步，左脚从虚步原点向左前斜线开出，等于加了一个点，初收则又将左脚收转到原点落下。斜行拗步，左脚提起仍转落于原点，而脚尖外摆，成左小盘步。进右步时，又将右脚落在搂膝拗步左脚所站之点。当第五动作再进左脚时，仍系沿着左前方的斜线，进到两肩宽的点上，因为第三动作双方距离较近，所以步子不应进得过大。最后一动，则因对方退步较大，所以因敌之变化，也进得加大了一倍。

十、再收

式名考释： 同陈氏老谱。说明此式为第二个收式。

此式共有两个分解动作。

图3-45

动作一： 眼法不变；身略左转，胸向左前斜角，左腿变顺缠，屈膝塌劲，右腿变逆缠，提膝向左脚后方跟半步，右脚尖点地约一肩宽成右后虚步；同时，左手变逆缠走左下弧线，将手向左前上斜角转出，手高齐胸，手心侧向左前下斜角，手指扬向右前上斜角，右手仍继续贴心口顺缠自转，手心侧向左后上斜角，手指扬向左前上斜角。（图3-45）

作用：跟步左挤法。对方为解我靠法而右转身、沉右肘拨我。我随势左转身、跟右步，用左手挤其胸部，右手仍挤其右腕，配合左手助攻。

动作二：眼法不变；身右转，右腿顺缠，向右后方退半步落实，脚尖向右正方，左腿逆缠，随身撤到右脚的左前侧，约一肩宽，脚尖斜向右前方，成左前虚步；同时，左手变顺缠，从胸前沉肘向右转回（与前一动作合成一圈，圈的大小，下以脐为界，上以口为界），手心侧向右后上斜角，手指扬向左前上斜角，右手沉肘，以手指继续顺缠，仍齐胸口，手心侧向左后上斜角，手指垂向左前下斜角。（图3–46）

图3–46

作用：右转身退步捋法。对方化掉我挤势，又左转身，用挤、肘、靠连环法攻击我胸部。我随势右转身退双步，右手拿其右腕，用左手从其腋下绕到对方右肘关节外上侧成捋法。但应注意，左肘必须下塌外碾，不可丢劲。

要点：第一动作跟右步时不可太大，进到与左脚一肩宽即可。第二动作后退的右脚一落地，而左脚同时转落在右脚原来位置上。

十一、前蹚拗步

式名考释：此式系说明动作的方向。陈氏老谱同此名，各式太极拳均作“搂膝拗步”。

此式共四个分解动作。

动作一：眼法不变；身继续略右转，右腿仍顺缠，屈膝塌劲，左脚仍逆缠，略向内收数寸，成左前虚步；同时，右手继续顺缠，肘不离肋在胸前自转，手心侧向左后上斜角，手指垂向左前下斜角，左手继续顺缠，向左肋收转左肘尖，手走外上弧线转到下颏前方半尺许，手心侧向右后上斜角，手指扬向左前上斜角。（图3–47）

图3–47

作用：右引掤法。对方被我转身捋，欲左转身化掉我攻势，遂又进右步，用挤法攻击我胸部。我随势继续右转身，略提左膝拨其右腿，加大双手的顺缠，掤化其攻势。

图3–48

动作二：眼法不变；身略左转，胸略向左前斜角，右腿变逆缠，屈膝塌劲，左腿变顺缠，随身之左转，向左前斜角进步约两肩宽，脚尖向里扣，落下成半马步（因左膝不弓）；同时，双手变逆缠，都走里前下弧线向胸前挤按，高齐心口，左手手心侧向右前下斜角，手指扬向右前上斜角，右手手心侧向左前下斜角，手指扬向左前上斜角，右手合在左手腕里侧。（图3–48）

作用：进步双挤按法。对方的挤法被我掤化，欲退步引我左腕。我乘机进左步，双手把其双臂封在他胸前，并用双手挤按法攻击其胸部。

动作三：眼法不变；身继续左转，胸向左前斜角，左腿仍顺缠，松裆塌劲，以左脚跟为轴，脚尖外摆向左前斜角，右腿继续逆缠，向左前斜角进步约二肩宽，右脚脚尖里扣落下成右侧马步；同时，左手变顺缠收转到胸前，手心侧向右后下斜角，手指垂向右前下斜角，右手先逆后顺，走外右前弧线向右前斜角转出，手高齐心口，与左手距尺许，手心侧向左后下斜角，手指扬向左前上斜角。（图3-49、图3-49附图）

图3-49

图3-49附图

图3-50

作用：进步平捌法同斜行拗步第三动作一样。

动作四：眼法不变；身右转，胸向右前斜角，右腿变顺缠，屈膝塌劲，以右脚跟为轴，脚尖略向外摆，左腿变逆缠，走里前弧线，经右腿里侧时勾起脚尖，用左脚跟里侧贴地向左前斜角进一大步，落下脚尖成左侧马步，双脚相距约二至三肩宽；同时右手仍顺缠，松肩收肘走外下弧线，将手收转到左肘下，手心侧向左后上斜角，手指指向左前下斜角，左手先变逆缠，向左后下斜角转出，即变顺缠经过左腮旁向胸前落下，高与口齐，手心侧向右后上斜角，手指扬向左前上斜角。（图3-50）

作用： 右手配合左肘小捋法。对方为掤化我捋势而向后推我右前臂。我随势右转身进左步掤化来势。对方趁我转身调步之机，用右手托我左肘。我随势用右手拿其右腕上侧，左手收转形成捋法。

要点： 第二动作注意左腿落地不要弓膝，保持半马步。第三动作要注意左脚脚尖外摆要小于45°，才能使左步变向左前。

十二、掩手肱捶

式名考释： 此式系说明动作作用的。陈氏老谱名"演手红捶"，各式太极拳名"搬拦捶"。陈鑫老谱曾说："此式左掌屈住右肘里侧。"也与杨式略同。

此式共四个分解动作。

动作一： 眼看右前方；身右转，胸向右前斜角，左腿仍逆缠，右腿仍顺缠，下塌裆劲，步法不变；同时双手变逆缠向脐前下落，左手合在右手手腕上侧，两手贴紧脐部，左手手心侧向右后下斜角，手指扬向右前上斜角，右手手心侧向左后下斜角，手指扬向左前上斜角。（图3-51）

图3-51

作用： 双手捋法。假如有人用右手拧我右手腕，我右手先用顺缠扬起中指反拿其右腕，变逆缠下转，并用左手拿其右手指部，配合右手随裆劲下塌成捋法。

动作二：眼法不变；身继续右转，双腿缠法仍右顺左逆，步法不变；同时右手仍继续逆缠，贴脐部随身右转，走里右下弧线向右外转出，高齐右胯，手心侧向右后下斜角，手指扬向左前上斜角，左手逆缠，走外左下弧线向左前下斜角转出，手高齐腰，手心侧向左前下斜角，手指扬向右前上斜角。（图3-52）

图3-52

作用：左挤右引法。对方为化我捌势，左转身，松沉右肘，运用挤、肘连环法攻击我左肋部。我随势继续右转身，用右手拿其右腕随身引捌其挤法，同时用左手搭其右肘关节，随身向左前挤其右肘关节。

图3-53

动作三：眼法不变；身略左转，双腿缠法变为左顺右逆，步法不变，暗换裆劲；同时右手变顺缠，右肘贴肋，手走外上弧线到右腮旁变拳，拳心侧向右后上斜角，拳眼侧向右前上斜角，左手变顺缠，走外上弧线转到手高齐胸，手心侧向右后上斜角，手指扬向左前上斜角。（图3-53）

作用： 左手引化、右手蓄劲法。对方挤、肘被我掤化，又右转身，用左手按我左手。我随势右转身、扬左手掤化来势。右手也上转蓄劲，准备发拳。

图3-54

动作四： 眼法不变；身仍左转，胸向正前方，左腿顺缠，屈膝塌劲，右腿逆缠，松垂右膝成左弓步；同时左手继续顺缠，走外上弧线向胸前收转，手心侧向右后上斜角，手指垂向右前下斜角，右手变逆缠，握拳向正前方击出，拳高齐心口，右臂不可伸直，拳心侧向左后下斜角，拳眼侧向左后上斜角，力点在中指中关节处。（图3-54）

作用： 左引右击法。左手缠引对方左腕，右手攻击彼之胸肋。

要点： 第一动作要注意双手一定要贴腰随身而转，不可离开腰部。第二、第三动作双手开时在两腿内侧，不允许超过两腿。第四动作右拳击时要松沉右膝，以加强右拳前击力量。此式步型应为左弓步。

十三、右转身捣碓

式名考释： 此名象形，与前意同，因系身向右转，故加“右转身”，以便学者记忆。《陈式太极拳》名第三“金刚捣碓”，各式太极拳无此式名。

此式共有五个分解动作。

动作一： 眼转视右后方；身继续略左转，胸略向左前方，左腿仍顺缠，屈膝塌劲，右腿继续逆缠，松沉右膝成半盘步；同时右拳变顺缠，在原高度，松肩沉肘将右拳略向前伸，拳心侧向左后上斜角，拳眼侧向右前上斜角，左手配合右手继续顺缠，走里右下弧线将手上转到右臂内侧，手心侧向右后上斜角，手指扬向右前上斜角。（图3–55）

作用： *右侧靠掤法。假如有人在我右侧，左步在前，用双手按我右臂。我随势仍左转身，松沉右肘掤化来势，使其双手向我左侧扑空，我乘势用右肩靠其胸部，左手上转以作掩护。*

动作二： 眼法不变；身右转，胸向正北方，右腿变顺缠，屈膝塌劲，左腿变逆缠，内扣脚尖成内八字马步；同时右手变逆缠，走外右上弧线，先沉肘贴肋，将手经颏下向右前斜角转出，手高齐眼，手心侧向右前下斜角，手指扬向左前上斜角，左手也变逆缠，走里左下弧线，向左胯外侧下按，手心侧向左前下斜角，手指扬向右前上斜角。（图3–56）

图3–55

图3–56

作用： *右转身右採左按法。对方按法被我掤化，又进右步向我继续进按。我随势右转身，用右手拿其右腕上採，左手下按其小腹。*

动作三： 眼法不变；身左转，胸向正北方，左腿顺缠，屈膝塌劲，右腿逆缠，用右脚掌贴地，向左脚右前斜角收转约一肩宽成右前虚步；同时右手变顺缠，走下弧线收转到胸前，手心侧向左后上斜角，手指扬向左前上斜角，左手也变顺缠，走上弧线收转到右腕上，交叉成斜十字，手心

侧向右后上斜角，手指扬向右前上斜角。（图3-57）

作用：右手单挒法。对方被我右手上採，又左转身进左步，用左肩靠法攻击我胸部。我随势右转身，用右手拿其右腕向下拧转成挒法。同时右脚乘其左脚进步之机，用右脚脚跟向里带扫其左脚，使其失去重心平衡，左手转回接应右手。

图3-57

动作四：眼法、身法、步法、手法、作用同图3-7。（图3-58）

动作五：眼法、身法、步法、手法、作用同图3-8。（图3-59）

图3-58

图3-59

要点：第一动作要注意眼视方向应是右后方。第二动作要注意右手上开时要以手领肘。第三动作退右步要圆转如意。此式动作的方向与第一个金刚捣碓最后一动的方向左右横平一条线。

十四、十字手

式名考释：象形。陈氏老谱无此名，仅系庇身捶过渡动作。因庇身捶动作较复杂，故采用杨式十字手的名称，以便学者记忆。

此式共有两个分解动作。

动作一：眼视右前方；身右转，胸向右前斜角，右腿变顺缠，左腿变逆缠，步法不变，暗换裆劲；同时右手逆缠变掌，走外下弧线向右胯外侧转出，手高齐胯，距右胯外侧尺许，手心侧向右前下斜角，手指扬向左前上斜角，左手也逆缠，走外下弧线将手向左前转出，手高齐腰，手心侧向左前下斜角，手指扬向右前上斜角。（图3-60）

作用：右下挤法。假如有人在我右前方，左腿在前，用双手按我右臂。我随势右转身，右手逆缠向右下开，使其落空，又可以发出挤劲，击彼小腹左侧。左手同时分开，以保平衡。

图3-60

动作二：眼法不变；身左转，胸向正前方，左腿变顺缠，屈膝塌劲，右腿变逆缠，用右脚跟里侧贴地向右横进一大步约二至三肩宽，落下脚尖成右侧马步；同时右手变顺缠，走上弧线向胸前上转，手心侧向左后上斜角，手指扬向右前上斜角，左手变顺缠，走上弧线向胸前收转，略变逆缠合在右手臂外侧，两手交叉呈斜十字状，手心侧向右后下斜角，手指扬向右前上斜角。（图3–61）

图3–61

作用：右进步靠法。当对方双手按我右臂而劲偏上时，我右手顺缠向上收转，以化来劲，同时进右步贴在对方左腿里侧，而以右肩发靠。左手合住，以助右手。

要点：第一动作要注意双手外开时不要肘先动。第二动作双手收时要先收肘，并注意开右步时一定要用右脚跟里侧贴地，不要提脚迈进。

十五、庇身捶

式名考释：式名是说明作用的。两手左右上下环绕而动，目的为了庇护全身，所以叫作庇身捶。陈鑫说，也可名为“披身捶”。

此式共有四个分解动作。

动作一：眼法不变；身略左转，胸向正前方，左腿顺缠，左膝略向上提一点，不可向左摇摆，右腿逆缠，膝盖略下沉，同为右侧马步；同时，右手继续顺缠，手部高度不变，肘尖略向内收，手掌变拳，向右前上斜角发劲（暗劲），拳心侧向左后上斜角，拳眼侧向右后上斜角，左掌变逆缠，从胸

前向左下转，高与左胯里侧齐，拳心侧向左前下方，拳眼侧向右后下斜角。（图3-62）

图3-62

作用：右掤兼右胯靠法。当对方因上式我发右靠，而加大按肘的分量，以拨我的靠劲。我随势左转身，右肘加大松沉，而手部拧向对方，以掤化来劲。同时右胯略沉，加强胯靠劲，牵动对方的重心。左手下转，调节平衡。

动作二：眼法不变；身右转，胸向右前，右腿顺缠，左腿逆缠，步法不变，暗换裆劲；同时右手变逆缠，从胸前向右下转，转至右膝上面里侧，高与胯平，拳眼斜向左后上斜角，拳心侧向左后下斜角，左手变顺缠沉肘（肘尖向内收），扬拳经过左腮旁，落在左胸前偏上些，拳心侧向右后上斜角，拳眼侧向左前上斜角。（图3-63）

图3-63

作用：右肘挤法。当对方为解脱我的胯靠而向我右方拨转我右臂时，我随势右转身，以右肘击彼右肋或胸部，肘随化开即用挤法。左手从左下方收转到胸前，以护门户。

动作三：眼法不变；身左转（胸向左前方），左腿顺缠，右腿逆缠，步法不变，暗换裆劲；同时右手变顺缠，松肩沉肘（肘先内收），从右胯里侧向右上转，拳高齐右眼，拳心侧向左后上斜角，拳眼侧向右后上斜角，左拳变掌变逆缠，经过胸前（手心侧向右后上斜角，手指垂向右前下斜角），掐在左腰间，大拇指在后。（图3-64）

图3-64

作用：右手单採法。当对方化开我的肘、挤时，我将右手贴彼左腋往上转，将肘引挤在彼右肘外上侧，而向左引採。左手仍护胸肋。

图3-65

动作四：眼法转向左前方；身右转，变成斜立圈，而不是向右平转，右腿顺缠，膝头要有力，扣住不可右摆，左腿逆缠，左脚尖内扣，松开裆劲，沉下膝盖成右弓蹬步；同时，右拳变逆缠，沉肘（肘不许摇动），只许腕部旋转，高与右太阳穴平，拳心侧向右前下斜角，拳眼侧向左后下斜角，左手逆缠按在左腰间，大拇指在后，四指在前，贴住腰部。（图3-65）

作用：右手单上挤法。对方被採，而随势前随，欲进靠肘。我身右转，以右腕拔其右肩头，可使应手而回。

要点：第一动作要注意右拳要在原高度随身旋转，不要前出或上转。第四动作要注意左脚脚尖的内扣，此时步型应为弓步，不是马步。还有，在此动作时要转盼左前斜角。

十六、背折靠

式名考释：此名系说明拳势作用的。因从背后转折发靠，故有此名。陈鑫老谱中有“背折一靠行之艰”的句子；陈照丕编著《陈氏太极拳汇宗》有此名。

此式共有三个分解动作。

动作一：眼法转向右前；身略左转，胸向正前方，左腿顺缠，脚尖外摆成右侧马步，右腿逆缠，塌好裆劲；同时右拳变顺缠，松肩沉肘，走外上弧线向胸前收转，拳高齐口，肘尖下垂，拳心侧向左后上斜角，拳眼侧向右后上斜角，左手逆缠从左腰向上转，合在右肘内侧，手心侧向右后下斜角，手指扬向右前上斜角。（图3-66）

作用： 右手单掤法。对方为解脱我的右手挤法，而将左手从我右臂下方转到左臂上方，再以双手按法进攻。我身向左转一点，右手沉肘掤化来劲，左手合在右臂弯里侧以接应。

图3-66

动作二： 眼法不变；身右转（向右前斜角），左腿逆缠，屈膝塌劲，膝尖下垂，右腿顺缠，裆劲松开，收转胯部，成右大盘步；同时右拳逆缠，收向腹前，拳心侧向腹部偏下，拳眼侧向左后上斜角，左手以手指顺缠转合在右肘上侧，手心侧向右后下斜角，手指扬向右前上斜角。（图3-67）

图3-67

作用： 引进法。对方因我掤化，彼又加重按在我右手的分量，而转变方向，经我右方继续前按。我随势右转身，塌好左裆劲，收转右裆劲，再用右手向右下引进来劲，并以左手扣在对方按我的右肘的手上，准备还击。

动作三：眼法不变；身左转，胸向正前方，左腿顺缠，右腿逆缠，弓膝成右侧马步；同时，右拳变顺缠，走外右上弧线，经左肘里侧向右前上斜角击出，拳高齐口，拳心侧向左后上斜角，拳眼侧向右前上斜角，向右前上转发劲，左手顺缠，从右肘上侧转向下侧，收到胸口，手心侧向右后上斜角，手指垂向右前下斜角。（图3-68）

图3-68

作用：背折靠法。当对方按劲欲发出时，我身急左转，以左手引其左腕，以右肩靠其胸肋。

要点：第一动作应注意右手要向左收肘，向胸前收转。第二、三动作的右手一定要从左肘底下绕上来再向外击。

十七、下掩手捶

式名考释：此式系说明拳的动作，但陈鑫老谱将“掩手”字为“演手”，其他陈式拳书均名“青龙出水”，系象形的。

此式共有三个分解动作。

动作一：眼看右前方；身右转，左腿逆缠，塌好裆劲，右腿顺缠，收转裆胯成右大盘步；同时，右拳变逆缠，向右沉肘下转，高与胯齐，拳心侧向下方，拳眼侧向左后上斜角，左手顺缠，从胸前向右手腕上侧转出，如用刀斜切右腕之状，手心侧向右后上斜角，手指斜向右前下斜角。（图3-69）

图3-69

作用：右手引进、左手前接法。当我的右拳被对方用左手拿住时，我以逆缠下转引化，并用左手接其右腕。

动作二：眼法不变；身继续右转，腿法不变；同时，右手变顺缠，沉收右手，拳头扬起，高在口下，拳心侧向右腮，拳眼侧向右后上斜角，左手仍顺缠，随身之加大右转而松肩沉肘，略向前转一点，手心侧向右后上斜角，手指斜向右前下斜角。（图3-70）

图3-70

作用：蓄劲法。为右拳下击、左手左引做好准备。

动作三：眼法不变；身左转（胸向正前方），左腿顺缠，右腿逆缠，屈膝塌劲成右侧马步；同时，右手变逆缠向右前下转，经过左手心向下发劲，拳高齐裆，拳心侧向左后下斜角，拳眼侧向左后上斜角，左手腕变逆缠，但手指继续顺缠，收引到胸口，手心侧向右后下斜角，手指垂向右前下斜角。（图3-71）

图3-71

作用： 左引右下击法。当对方左腕被引拿而欲趁势攻我时，我顺其来劲引进，并以右拳下击。

要点： 第三动作右拳下击的着力点应在右拳的外侧，而不是右拳的前侧。

十八、双推手

式名考释： 此式系说明动作的。陈式拳书名同，陈鑫老谱无此名。

此式共有五个分解动作。

动作一： 眼法不变；身略左转，胸向左前斜角，双腿缠法不变，步型不变，暗换裆劲；同时，左手仍顺缠在胸前自转，手心侧向右后上斜角，手指垂向右前下斜角，右手变顺缠，上扬前臂，走外下弧线向胸前上转，拳心侧向左后上斜角，拳眼侧向右后上斜角。（图3–72）

作用： 同图3–14。

动作二： 步法不变；眼、身、手各法均同图3–15。（图3–73）

图3–72

图3–73

动作三：眼法不变；身左转90°，双腿缠法变为左顺右逆，左脚尖外摆屈膝塌劲，右膝松垂，内扣脚尖成左大盘步；同时，双手顺缠向左捋回，同六封四闭第三动作。（图3–74）

作用：左转身大捋法。捋法本与六封四闭相同，但前者对方仅松沉左肘，未曾进步，所以左转的身法较小，而按时方向不变。此则当捋时，对方即进左步前随，所以必须先外摆左脚尖，内扣右脚尖，松沉右膝，才能使对方的来劲落空，不然则将来劲引到自己的身上。右膝下沉，一则扣住对方左腿部，可助捋劲；二则进右步时由于裆部下松，转换灵便。

动作四：眼法不变；身继续左转，左腿顺缠屈膝塌劲，右腿提膝，右脚走里前弧线，经左小腿里侧向左脚跟进，成右后虚步，两脚相距一肩宽；手法同图3–17。（图3–75）

作用：进右步转掤法。除步法外，其他作用均同图3–17。

图3–74

图3–75

动作五：眼法不变；身右转，双腿缠法右顺左逆，右腿向右进一步约一肩宽，左腿在右脚落地的同时，提膝走里前弧线向右脚左后侧跟进，约一肩宽，脚尖踏地成左后虚步；手法同图3-18。（图3-76）

图3-76

作用：双按法，同六封四闭。但因身法转得大（六封四闭90°，此则加大一倍），所以按劲向远处发。

要点：第四、五动作右腿配合不可间断，要一气呵成。

十九、三换掌

式名考释：《陈式太极拳》有此名，据说系陈发科先生根据锻炼的需要而增入的。陈鑫老谱、《陈氏太极拳汇宗》无此名，其他各式太极拳无此名。此式掌法三变，故名三换掌。

此式共有三个分解动作。

动作一：眼看右前方；身右转，胸向右前斜角，双腿缠法不变，步型不变；同时左手变顺缠，沉肘向右前转出，手心侧向右后上斜角，手指扬向右前上斜角，右手也变顺缠，走外下弧线沿左前臂向臂旁内侧收转，手心侧向左后上斜角，手指垂向左前下斜角。（图3-77）

图3-77

作用：配合腿部练腰裆的转换法（双手虽同顺缠，右手缠法嫩而左手缠法老，应注意做得准确，不可混乱）。

动作二：眼法不变；身左转，胸向左前斜角，双腿缠法变为左顺右逆，步型不变，暗换裆劲；同时双手缠法变为左顺右逆，左手向心口前收转，手心侧向右后上斜角，手指垂向右前下斜角，右手走外右上弧线，向右前方转出，手心侧向右前下斜角，手指扬向左前上斜角。（图3–78）

图3–78

作用：配合腿部练腰裆的转换法（此一动作，则左手缠法嫩而右手缠法老）。

动作三：眼法不变；身右转，胸向右前斜角，双腿变为左逆右顺，步型不变；同时左手仍顺缠，向心口前上转，手心侧向右后上斜角，手指扬向右前上斜角，右手变顺缠，走外下弧线，向左肘关节外侧收转，手心侧向左后上斜角，手指垂向左前下斜角。（图3–79）

图3–79

作用：同前两动作（此一动作，两手一仰一合的旋转，系右嫩左老的缠法）。

要点：在各动作旋转时，要注意重心不要左右摇晃。

二十、肘底捶

式名考释：此式名系说明动作的，因为右手转在左肘下边，所以取名肘底看捶。看的意义，不是注视右拳，而是说明这一式子是看守门户的着法，双手半开半合地在胸前摆好了架子，以观察对方的动静，所以取名为“肘底捶”。

此式共有两个分解动作。

动作一：眼看正前；身左转，胸向左前斜角，双腿缠法变为左顺右逆，步法变为左前虚步；同时，左手变逆缠，走左外下弧线向左胯外斜角下转，手心侧向左后下斜角，手指扬向右前上斜角，右手也变逆缠，走外前上弧线，从左肘里侧绕出向胸前上转，手心侧向左前下斜角，手指扬向左前上斜角。（图3-80、图3-81）

图3-80

图3-81

作用：前后开手的基本功。

动作二：眼法不变；身右转，胸向正前方，双腿缠法变为左逆右顺，步法不变；同时左手变顺缠，走外上弧线，经左腮向左前上转，手高齐口，距口尺许，手心侧向右后上斜角，手指扬向左前上斜角，右手也变顺缠，走外下弧线，向左肘尖下转握拳，拳心侧向左后下斜角，拳眼斜向左肘尖。（图3-82）

图3-82

作用：双手收合的基本功。

要点：第一动作右手前开，一定要向正前方（但应注意手、肘、肩配合成半圆形）。

二十一、倒卷肱

式名考释：此式系说明动作的。因步向后退，两手交替旋转，故名倒卷肱。陈师教此式时，也常说为倒碾肱。

此式共有六个分解动作。

动作一：眼看正前方；身左转，右腿逆缠，塌好裆劲，左腿顺缠，提膝脚尖划地，从右脚里侧走弧线向左后略外开，约一肩半宽，脚跟落地，右脚尖立即向左内扣，成右侧马步；同时左手指部顺缠，沉肘收到胸口，手心侧向右后上斜角，手指垂向右前下斜角，右手先逆后顺，松肩沉肘，下塌外碾，向前发劲（暗劲），手心侧向左后下斜角，手指扬向左前上斜角。（图3-83、图3-83附图）

作用：退步左捌法。假设有人从正前方，右步在前插进我裆内，双手猛按我左臂。我不得不后退，以化来劲，但退是为了帮助右手的挒，所以左手随身左转，与退左步的同时反拿对方的左腕，向左引进，并以右肱压在对方左肘关节外上侧，下塌外碾发劲。

动作二：眼法不变；身继续左转，胸向左前斜角，左腿仍顺缠，屈膝塌劲，右腿仍逆缠，右脚掌贴地走外后弧线，向左脚右前斜角收转，双脚相距一肩宽成右前虚步；同时左手变逆缠，走左下弧线向左胯外侧下转，手高齐胯，手心侧向左后下斜角，手指扬向右前上斜角，右手仍顺缠，沉肘塌腕，仍向正前方转出，高度不变，手心侧向左后上斜角，手指扬向左前上斜角。（图3-84、图3-84附图）

图3-83

图3-83附图

图3-84

图3-84附图

作用： 退步掤法。对方为化我挒势，松沉左手调左步，用肘攻击我右肋。我乘对方换步之机，收右腿扫其左腿，右手前开，掤化其攻势。

动作三： 眼法不变；身右转，腿部缠法与动作、手部缠法与动作与第一动恰恰反过来。（图3-85）

作用： 右退步挒法。参照图3-83，只是把身、步、手法反过来。

图3-85

动作四： 眼法不变；身继续右转，右腿顺缠塌劲，左腿逆缠提膝；手部缠法及动作参照动作二图3-84，左右相反。图从略。

作用： 同第二动作。

动作五： 眼法不变；身左转，右腿逆缠，屈膝塌劲，左腿顺缠提膝，左脚尖贴地向左后外斜角，斜退一大步（约二肩宽或更大些），成右弓蹬步；同时，左手沉肘，肘尖向右收，手不离中线，与右手先合，再向左下收，收到右臂弯里侧，高与胸齐，手心侧向右后上斜角，手指扬向右前上斜角，右手从右后下斜角变顺缠收肘，肘尖向内，手经右腮旁，再变逆缠向右前方转出，高与口齐，手心侧向右前下斜角，手指扬向左前上斜角。（图3-86、图3-86附图）

作用： 从右退步挒变左退步捋的准备动作。

图3-86

图3-86附图

动作六：眼法不变；身继续左转，左腿顺缠，屈膝塌劲，脚尖外摆，右腿逆缠，松裆略屈膝部，成左反弓蹬步；同时，左手顺缠收到胸口，手心侧向右后下斜角，手指垂向右前下斜角，右手顺缠，松肩沉肘，下塌外碾，与左手合成捋法，手高齐胸口，手心侧向左前上斜角，手指扬向右前上斜角。（图3-87、图3-87附图）

图3-87

图3-87附图

作用： 左退步捋法。当对方左步、右手向前进击我时，我以此式应之。

要点： 此式共分六个动作，前两步走直线（但后步应略斜，以一横脚宽为度）。第三步斜向左后斜角，眼法以正前方为主，身法左右左三转，步法为右侧马步变左侧马步，再变左反弓蹬步，手法包括左右两捌和左退步捋。应注意退步时，身法不可起落，裆劲塌好，则转身退步时，如坐在转椅上一样，重心随遇平衡。

二十二、白鹤亮翅

式名考释： 同前。

此式共有两个分解动作。

动作一： 眼看左前方；身继续左转，左腿顺缠，屈膝塌劲，右腿逆缠，先松裆，垂膝，继续收右脚成右后虚步；同时，左手先变顺缠向左前略转，即顺缠收肘（肘尖内收），手心侧向右后上斜角，手指扬向右前上斜角，右手继续顺缠，向左收合在左手腕下侧，交叉成斜十字状，手心侧向左后上斜角，手指扬向左前上斜角。（图3–88）

图3–88

作用：转身接手法。假设有人从左前方右步在前以右手来攻，我左转身，以右手接其左腕，待机而动。

动作二：眼法不变；身法、步法、手法与第一白鹤亮翅同。作用同前。（图3-89）

图3-89

二十三、搂膝拗步

式名考释：要点、动作、作用均同前搂膝拗步。

二十四、闪通背

式名考释：此名系说明拳势的作用和内气循环路线的。陈鑫指出此式作用为闪跌法，又因气之循环通过胸、腹、脊、背三周，所以名为“闪通背”。陈式拳书同名，孙式名“三通背”，与陈鑫讲法接近，其他各式太极拳均名为“扇通臂”，可能是从背部动作有如扇面状而讹。

此势共有八个分解动作。

动作一：眼看正前方；身右转，胸向右前斜角，双腿缠法变为左逆右顺，右膝弓塌成左侧马步；同时右手塌腕垂指走顺缠，先走外下弧线，向胸前下转，再经胸前走小外弧线向前拨转塌住，手心侧向左后上斜角，手指扬向左前上斜角，左手顺缠变掌沉肘，走外下弧线。向胸前收转，与右手相距一前臂宽，手高齐口，离口约尺许，手心侧向右后上斜角，手指扬向左前上斜角。（图3-90）

作用：右手收掤法。假如有人从我正前方进右步，用右拳攻击我胸。我随势右转身，用右手从对方右拳下侧向上缠绕，并随身向右掤开其右拳，左手收转在对方右肘关节外上侧，防其用肘攻击。

动作二：眼、身、步、手参照图3-39。（图3-91）

图3-90

图3-91

作用：右捋法。对方右拳被我掤化，欲用挤、肘连环法攻击我胸部。我用右手拿其右腕，左手制其右肘关节外上侧向右捋。

动作三：眼法不变（因身左转左步转退，自然形成向右前方）；身左转，胸向左前斜角，左腿变顺缠，随身左转之际退左步于右脚左旁，约一肩宽，右腿变逆缠，屈膝塌劲，随势扣转右脚尖，成左后虚步；同时左手仍顺缠，走外下弧线向胸部收转，手心侧向右后上斜角，手指垂向右前下斜角，右手先逆后顺，走外前上弧线向胸前上转，双手相距一前臂宽，手心侧向左后上斜角，手指扬向右前上斜角。（图3-92、图3-92附图）

图3-92

图3-92附图

作用： 左转身捋法。对方被我捋化，欲右转身，用左手拿我左腕向我胸前按攻。我随势左转身，用左手反拿其左腕向左引，右手制其左肘关节外上侧，向左前下塌外碾成转步捋势。

图3-93

动作四： 眼法不变（因身右转又自然成向左前方）；身右转，胸向右前斜角，右腿变顺缠，以右脚脚跟为轴，向外摆脚尖，左腿变逆缠，以左脚脚尖为轴，向外拧转脚踵成右小盘步；同时，右手仍顺缠，松肩沉肘，走外下弧线向胸前收转，手心侧向左后上斜角，手指扬向右前上斜角，左手变逆缠，走外上弧线向左胯旁上转，手高齐胯，手心侧向右前下斜角，手指扬向左胯。（图3-93）

作用： 右转进掤法。对方被捋，欲转身调进左步，用左手挤我。我向右转身以右手掤之，左手准备接应。

动作五： 眼法不变；身略左转，胸向不变，右腿变逆缠，屈膝塌劲，左腿先逆后变顺缠，提膝向前进一步，约一肩宽，落在右脚前方成半马步；同时，右手仍顺缠，走外上前弧线向正前上转，高与口齐，手心侧向左后上斜角，手指指向正前方，左手继续逆缠，走里前下弧线向脐前下转，手心侧向左前下斜角，手指扬向右前上斜角。（图3–94）

图3–94

作用： 拗步上挤下按法。对方化我掤法，欲右转身调步，用靠、肘、挤攻击我胸部。我乘其调步之机，左转身进左步于其裆内，用右手前挤，左手下按其小腹部。

图3–95

动作六： 眼法不变；身右转，胸向右方，双腿缠法变为左逆右顺，左脚尖内扣成内八字马步；同时，右手变逆缠，走里左上弧线贴左肩收转，手心侧向左前下斜角，手指扬向左后上斜角，左手仍逆缠，走下弧线向左胯前下转，手心侧向左后下斜角，手指扬向右前上斜角。（图3–95）

作用： 右採左按法。对方化我右挤，用右手按我右腕时，我随势逆缠，向右採其右手，左手按其小腹。

动作七： 眼转视右后方；身继续右转，胸向左前斜角，左腿缠法不变，屈膝塌劲，右腿缠法不变，提膝外转，略收右脚成右前虚步；同时，右手变顺缠，走外下弧线向右略下转，手心侧向左后上斜角，手指垂向左

前下斜角，左手变顺缠，走外上弧线向左腮旁上转，手心侧向右前下斜角，手指扬向右后上斜角。（图3–96）

图3–96

作用：右引左肘挒法。对方为化我前势，右手用挤法攻击我胸部。我随势右转身，用右手下引其右手，左手挒其右肘关节。

动作八：眼法不变（因身体继续右转自然形成左前方）；身体继续右转，左腿仍逆缠塌劲，右腿顺缠，用右脚尖贴地走外后弧线向后扫，退落在左脚的右后外斜角约两肩宽，在落右脚的同时，左脚尖内扣，配合右脚成左侧马步；同时，右手仍顺缠在胸前自转，手心侧向左后下斜角，手指垂向左前下斜角，左手松肩沉肘，先逆后顺缠，走外前上弧线向右前下转，手高齐胸，手心侧向右后上斜角，手指扬向左前上斜角，与右手相距尺许。（图3–97、图3–97附图）

作用：右转身退步背靠法。我乘对方被我引其右手的优势，向右大转身，用左肩靠其肋部，左手制其右肘关节向前发劲，加强靠劲。

图3–97

图3–97附图

要点：第一、二动作，一定要右转身。第三动作的步法不要超过一肩宽。第六动作，双脚均内扣，呈内“八”字马步。第八动作，右腿后扫不要超过左脚右后斜角45°。

二十五、进步掩手肱捶

式名考释：与第一掩手肱捶同，但加进步字样以资识别。

此式只有一个分解动作。

动作：眼转视右前；身左转，胸向左前斜角，左腿变顺缠，屈膝塌劲，以左脚跟为轴向外摆脚尖，右腿变逆缠，提膝向前迈进一步约两肩宽，下落右脚的同时，左脚再向前跟进一小步约一肩半宽，成右侧马步；同时，左手仍顺缠在胸前自转，手心侧向右后上斜角，手指垂向右前下斜角，右手变逆缠，握拳向右前方出击，拳心侧向右前下斜角，拳眼侧向左前上斜角。（图3-98～图3-100）

作用：进步左引右击法。假如有人从我左前按我左肘、腕，我随势左转身进右步，用左手引其来势，右拳从他的右肘下进击其胸肋。

图3-98　图3-99　图3-100

要点：在发右拳时，一定要配合右步前进左脚跟进的落地一瞬间发劲，这样发出的右拳会更有力。

二十六、退进步拦擦衣

式名考释：意义同前，但陈式拳书此处无揽擦衣，今据陈鑫老谱所讲补之。此式与第一拦擦衣不同处，前者从小半马步变为马步，此处从右侧马步先变为手腿同合，再手腿同开，式子完成时，仍如前式。应注意手腿虽然同收、同开，而配合仍是三角，收时，右步较右手为慢，开时则右步较右手为快。

此式共有三个分解动作。

动作一：眼仍看右前方；身继续左转，胸向左前斜角，左腿仍顺缠，屈膝塌劲，右腿仍逆缠，向左收至左脚右侧一肩宽，成右前虚步；右手、左手均参照图3–11的双手动作。（图3–101）

作用：退步掤法。假如有人从右前方用左手沉肘化解我的右拳，并进步攻我。我随势左转身，退右步掤化来劲。

动作二：眼、身、步、手，作用均参照图3–12。（图3–102）

动作三：眼、身、步、手，作用均参照图3–13。（图3–103）

图3–101

图3–102

图3–103

二十七、六封四闭

式名考释同前。此式共有五个分解动作。均参照图3-14至图3-18；图从略。

二十八、单鞭

式名考释同前。此式共有五个分解动作。均参照图3-19至图3-24。图从略。

二十九、上云手

式名考释： 此式系象形的。因双手循环旋转，如古画中画云之状。但《陈式太极拳》则名运手。陈鑫老谱三个云手定为上、中、下三个名称，如果依据上、中、下三个字，将云手一式分别作成小、中、大三种形式，而变换手法为上、中、下三盘，也未尝不可。

此式共有八个分解动作。

动作一： 眼看左前方；身略左转，胸略向左前斜角，双腿缠法为左顺右逆，步法成左半盘步；同时，左手变逆缠，走下弧线向左上开转，手心侧向左前下斜角，手指指向右前上斜角，右手沉肘，仍顺缠变掌走外上弧线，腕部略向里收转，手心侧向左前上斜角，手指扬向右前上斜角。（图3-104）

图3-104

作用：左手小掤法。假如有人从我左前方用左手拿我左腕，我随势左转身，左手手指上扬做小旋转，掤化来劲，并可反拿其左腕。右手配合左手调节平衡。

动作二：眼法不变；身略右转，胸向正前方，双腿缠法变为左逆右顺，步型不变；同时，左手变顺缠，松肩沉肘，走外下弧线向胸前收转，手心侧向右后上斜角，手指扬向右前上斜角，右手变逆缠，走外右上弧线向原来勾手的位置略上转，手心侧向右前下斜角，手指扬向左前上斜角。（图3–105）

作用：左侧掤法。对方将按我左肘的分量加大。我身右转，收沉左肘，以掤化之。

动作三：眼法不变；身左转，胸向左前斜角，左腿变顺缠，屈膝塌劲，右腿变逆缠，提膝带右脚向左跟进约一肩宽，成小正马步；同时，左手变逆缠，走左上弧线向左前斜角上转，手心侧向左前下斜角，手指扬向右前上斜角，右手变顺缠，走外下弧线向胸前下转，手心侧向左后上斜角，手指扬向左前上斜角。（图3–106）

图3–105

图3–106

作用：左肘、挤、採法。对方被我引掤时，我以肘挤之，彼如化开，即变挤法；挤如被化，再变左採法。以左手缠其左腕，而以右手准备按其左肘。

动作四：眼法不变；身右转，胸向正前方，右腿变顺缠，屈膝塌劲，左腿变逆缠，用左脚跟里侧贴地向左横开一步，大约二至三肩宽，落下脚尖成左侧马步；双手参照图3-105的手法。（图3-107）

图3-107

作用：左进步靠法。解对方从左侧双按我左臂之法，进左步与对方右腿里侧，同时发靠，则轻灵沉着兼备。

动作五：眼、身、步、手、作用均参照图3-106；

动作六：眼、身、步、手、作用均参照图3-107；

动作七：眼、身、步、手、作用均参照图3-106；

动作八：眼、身、手、作用均参照图3-107。双腿缠法变为左逆右顺，右膝弓塌，左腿随身右转收而不进，成左前虚步。（图3-108）

图3-108

作用：因对方改变了按的方向，向我左偏，所以左步不进，以保平衡。

要点：此式共八个动作，向左横进三步（根据需要可以增减，但以单数为限）。眼法左前方为主，身法左右八转。应注意左右横进，但左步大（约二肩宽，或大一些，根据需要），右步小（仍一肩宽），逐渐地向左移动。此式系专练左进步靠、肘、挤的练功方法。

三十、高探马

式名考释： 此式名系象形的，因为这一式子的动作有如准备上马或骑马之状，故取此名。根据陈鑫老谱讲解，此式有两种练法，一系左侧马步的左背折靠法，一系左转身平捌法，今分别先后收入。各式太极拳均有此名，但练法不同。

此式共五个分解动作。

动作一： 眼法不变；身左转，胸向左前斜角，右腿变逆缠，屈膝塌劲，左腿变顺缠，随身左转向左前斜角进半步，成左弓步；同时，左手在胸口原地变逆缠，手心侧向右后下斜角，手指扬向右前上斜角，右手松肩沉肘，收肘贴肋，手心侧向左前下斜角，手指扬向右前上斜角。（图3–109）

作用： *左挤靠右按法。*

动作二： 眼法不变；身略左转，左腿顺缠，屈膝塌劲，右腿逆缠，向右前方跟进半尺许，成左侧马步；同时，左手略顺缠变逆缠，肘不离肋，在胸前走外小弧线（自转），手心侧向右前下斜角，手指扬向右后上斜角，右手继续顺缠，走外下弧线向胸前收转，合于左手腕外侧，双腕交叉呈斜十字状，手心侧向左后上斜角，手指扬向左前上斜角。（图3–110）

图3–109

图3–110

作用：左手掤法。假如有人从我左前方用双手按我左腕，劲向我左偏。我随势左转身，左肘下沉手指上扬左转，掤化来势，右手转回准备抱缠。

动作三：眼法不变；身右转，胸向正前方，双腿缠法变为左逆右顺，步型不变；同时，双手逆缠，右手向右后上斜角转出，高与眼平，手心侧向右前下斜角，手指指向左前上斜角，左手向左前平开，高与胸齐，手心侧向左前下斜角，手指扬向右前上斜角。（图3–111）

作用：抱缠法变右採左按法。对方按我左手被化，我随势抱缠其左手向右挒拿。对方松沉肩、肘用挤法化掉我挒法，我乘其松肩沉肘之机，用右手拿其右腕，向右上採，左手用按法攻击其右肋部。

动作四：眼法不变；身继续右转，胸向右前斜角，双腿缠法不变，步型不变；同时，左手变顺缠，走外上弧线向胸前上转，离胸尺许，手心侧向右后上斜角，手指扬向左前上斜角，右手变顺缠，走外上弧线向右腮旁收转，当手收到右腮时再变逆缠，手心侧向左前上斜角，手指指向右腮。（图3–112）

图3–111

图3–112

作用： 右手蓄劲法。对方为化我右採左按之势，用左手按我左手，右手回挣。我随势引其左手，右手回转蓄劲。

动作五： 眼法不变；身左转，胸向正前方，双腿缠法变为左顺右逆，步型不变；同时，左手仍顺缠向胸前收转，手心侧向右后上斜角，手指垂向右前下向斜角，右手变顺缠，松肩沉肘，经左手心上向胸前下塌外碾发劲，双手相距一前臂宽，手心侧向左后上斜角，手指扬向右前上斜角。（图3-113、图3-113附图）

图3-113

图3-113附图

作用： 右拗拦肘法（左背折肘法）。当对方拿我左腕向我进击时，我以左手拿其左腕，顺势向我左后引进，同时以右肘击其左肘关节外上侧（注意试验拗拦肘时，不可先缠紧对方的手腕，以免右手误伤其左肘关节）。

要点： 第一、二动作的左腿一定要向左前斜角斜进，右腿一定要向右前斜角跟进半尺许，双脚相距两肩宽。第二动作双手一定要先做抱缠再右採左按。第四动作的右手蓄劲时手心要冲向左前斜角，才能起到蓄劲作用。第五动作的右手前击不可过大，以左手和右前臂之间保持一前臂距离为宜。

三十一、右插脚

式名考释：此名系说明拳势动作。《陈式太极拳》作擦脚，“擦”字难理解。因脚从对方中门插进而踢，故名为插脚。各式太极拳均名“分脚”，以系说明动作。

此式共有五个分解动作。

动作一：眼法不变；身继续略左转，胸仍向正前方，腿部缠法、步型都不变。手法参照图3-14。（图3-114）

作用：参照图3-14。

动作二：眼、身、步、手法均参照图3-15。（图3-115）

作用：参照图3-15。

图3-114

图3-115

动作三： 眼法不变；身法、手法均参照图3-16。右腿变逆缠，屈膝塌劲，左腿变顺缠，以左脚脚掌贴地走外右后弧线，向右脚左前斜角收转，双脚相距一肩宽，成左小盘步。（图3-116、图3-116附图）

图3-116

图3-116附图

作用： 左捋兼左脚小扫法。对方用左手挤我，我向左捋之，同时用左脚跟带扫其右脚。

动作四： 眼法不变；身继续左转，双腿缠法、步法不变；同时，右手仍顺缠，走外下弧线向胸前收转，手心侧向左后上斜角，手指扬向左前上斜角，左手变逆缠，走外上弧线向胸前上转合在右腕上方，双手在胸前交叉呈斜十字状，左手手心侧向右前下斜角，手指扬向右前上斜角。（图3-117、图3-117附图）

作用： 双封法。对方为化我上捋下扫，转身调步用右手挤我胸部，我乘其变势之机，用双手拿其双手封按在他的胸部。

图3-117

图3-117附图

动作五：眼法不变；身略左转，左腿顺缠，屈膝塌劲，右腿逆缠，右脚脚面绷平，向右前上斜角上踢，高与肩齐，成左独立步；同时，左手变逆缠，走外左上弧线向左前外斜角转出，高与肩平，手心侧向左前下斜角，手指扬向右前上斜角，右手也变逆缠，走外右上弧线向右前上斜角上转，右手打脚面发劲作声。（图3-118）

图3-118

作用： 上封下踢法。对方为化我封按，右转身欲解脱背势。我随势先提右膝攻其裆部，对方收腹向后闪退，我上踢追之，攻其咽喉。

要点： 第一动作的右手要注意走里下弧线，这样才能配合自转的顺缠，形成收中有放的太极劲。第四动作要注意双手拧转时两肘不要离肋。第五动作要注意双手同时走外上弧线，不要只注意右手而忽视了左手。

三十二、左插脚

式名考释： 式名同前，仅系左右之别。

此式共有三个分解动作。

动作一： 眼转视右前方；身右转，双腿缠法不变，右腿落在左脚的右前方约一肩半宽，左腿随着右脚的着地跟进半步约一肩宽，成左后虚步；同时，右手顺缠，走外下弧线向右前下转，手高齐胸，手心侧向左前上斜角，手指扬向右前上斜角，左手也顺缠，走外下弧线向胸前收转，交叉于右腕上，手心侧向右后上斜角，手指扬向右前上斜角。（图3–119）

图3–119

作用： 右转进步开捌法。假如有人从我右后侧双手按我右腰肋部，我右转身进步，用双手从他的两臂下进入，开捌其两手。

动作二： 眼法不变；身继续右转，双腿缠法不变，右脚脚跟为轴向外摆右脚尖，左脚以脚尖为轴外摆左脚跟成右小盘步；同时，双手变逆缠在胸前

自转，右手手心侧向左前下斜角，手指扬向左后上斜角，左手手心侧向右前下斜角，手指扬向右前上斜角。（图3-120）

作用：双掤法。对方为化我掤势，用双手拨我双肘。我随势用双手缠住对方双手。

动作三：眼法不变；身略右转，双腿缠法不变，右膝弓住塌劲，左膝先提，然后绷平脚面向前上踢，成右独立步；同时，右手继续逆缠，走外右上弧线向右前外斜角转出，高与胸平，手心侧向右前下斜角，手指扬向左前上斜角，左手先逆后顺，走外左上弧线，拍打脚面。（图3-121）

作用：左踢法。与右踢相反，乃是因敌而变。

要点：此式前两个动作类似六封四闭、双推手的前两个动作，但手部圈子较小（只尺许的圆圈），而六封四闭为中圈，双推手为大圈。陈式拳中的踢法都是手脚配合的动作，手为脚做好掩护，上虚下实，以免被人接住脚部而脚尖发劲，又怎能三节互变。因此拳系近距离作战的战术，双方接近，由于对方犯我，我才犯人，不是我无故犯人。

图3-120

图3-121

三十三、左转身蹬脚

式名考释： 此式系说明拳势动作方向和作用。陈氏老谱名为“蹬一根”，又名“中单鞭”。此系踢蹬桩练功而用，今演示为拳架，故有此名。

此式共有三个分解动作。

动作一： 眼法不变，随身转视左前方；身左转180°，右腿逆缠，屈膝塌劲，左腿顺缠，随身向右脚的左前方落下左脚约一肩宽，右腿在左脚落地的同时，以右脚跟为轴，向里扣转脚尖成左侧小马步；同时，双手顺缠，走外下弧线向脐前下转，右手手心侧向左前上斜角，手指指向左前下斜角，左手手心侧向右前上斜角，手指指向右前下斜角。（图3-122、图3-122附图）

作用： 转身下掤法。假如有人从我左后侧用双手按我肋、腰，我左转身，用左肘部夹击其左手，掤化其攻势。右手转回保持平衡。

图3-122

图3-122附图

动作二：眼法不变；身略右转，双腿缠法变为左逆右顺，屈膝塌劲，左腿提膝成右独立步；同时，双手变逆缠握拳，走小里上弧线向胸前收转，右拳心侧向左后下斜角，拳眼侧向左后上斜角，左拳心侧向右后下斜角，拳眼侧向右后上斜角。（图3–123、图3–123附图）

图3–123

图3–123附图

作用：为下一动作蓄劲。

动作三：眼法不变；身仍右转，胸向左前斜角，右腿顺缠，屈膝塌劲，左腿逆缠提膝，将左脚尖向里勾起，用脚跟向左前方蹬击，高与胯齐；同时双拳变顺缠，走外上弧线，右拳向右前上斜角上转，高齐右眼，拳心侧向左后上斜角，拳眼侧向右后上斜角，左拳向左前下斜角贴左膝外转，拳心侧向右前上斜角，拳眼侧向左后上斜角。（图3–124）

图3–124

作用： 左脚蹬兼左拳击法。对方为化我左肘夹其左手，右转身退步。我随势用左脚蹬其小腹、膝，左拳击其左腕。

要点： 第一动作要注意双手合时应先松肩沉肘，肘贴肋时立即转身落左脚。第二动作应注意双手逆缠时不要动肘，两肘贴肋随身拧转双手。第三动作蹬脚时身体不要上起，要塌好裆劲，如坐在凳子上。

三十四、前蹚拗步

式名考释： 亦系说明动作方向的。前蹚是步子向前进。但一路有两个前蹚拗步，前一个系根据再收的方向连续向左前斜角进两步，第三步的左脚向左前斜角迈进，此式则向正前方迈进两步。

此式共有四个分解动作。

动作一： 眼法不变；身继续右转，双腿缠法不变，右腿屈膝塌劲，左膝向里提收，小腿斜向左前下方，步型仍是右独立步；同时，右拳变逆缠为掌，走外左小弧线向左下转一点，手心侧向右前下斜角，手指扬向左前上斜角，左拳变掌仍顺缠，走外上弧线收肘向胸前，手仍向左前，高齐颏下尺许，手心侧向右后上斜角，手指扬向左前上斜角。（图3-125）

图3-125

作用： 引化法。

动作二： 眼法不变；身左转，双腿缠法变为左顺右逆，右膝屈膝塌劲，左腿在空中向外摆左脚尖，落在右脚的左前方约一肩宽成左小盘步；手法参照图3-41的手部动作。

作用：左进步踹。

动作三：眼、身、手、作用均参照图3-42的动作。唯有步法，右步是向正前方偏右迈进，成右侧马步。（图3-126、图3-126附图）

动作四：眼、身、步、手、作用等法均参照图3-34的动作。（图3-127）

图3-126

图3-126附图

图3-127

要点：参照上述各图解中的要点。

三十五、击地捶

式名考释：此名系说明动作，因方向较低，所以名为击地。陈氏老谱又名"神仙一把抓"，是说明作用的。各式太极拳名为"进步栽捶"。

此式共有两个分解动作。

动作一：眼法不变；身仍右转，双腿缠法、步型均不变；同时，右手变顺缠，走外上弧线握拳向右胭旁上转，拳心侧向右后上斜角，拳眼侧向右前上斜角，左手仍顺缠，下塌外碾，略向下转，手心侧向右后上斜角，手指指向右前下斜角。（图3-128、图3-129）

图3-128

图3-129

作用：为右拳下击蓄劲。

动作二：眼法不变；身左转，胸向左前斜角，双腿缠法变为左顺右逆，左膝弓塌，右膝略松垂，内扣脚尖，成左弓蹬步；同时，双手变逆缠，左

图3-130

手走下弧线，向左前上斜角上转，手心侧向左前下斜角，手指扬向右前上斜角，右拳经胸口向右前下方下击，高与裆平，拳心侧向右后下斜角，拳眼侧向左后上斜角。（图3-130）

作用：左採右击法。假如有人从上式被蹬后，已经倒地，我急追三步，趁他欲起身之际，再用左手按其左腕，向左前上斜角上採，用右拳击其裆部。

要点：第一动作双手蓄劲时两肘贴肋。第二动作右脚尖里扣变弓步时，脚掌不要左右摇摆。

三十六、二起脚

图3-131

式名考释：前两式是单踢法，这一式为双踢法，也就是先左踢、后右踢的方法。各式太极拳书均同名，陈鑫老谱称为“踢二起”。《陈式太极拳》书加“翻身”二字。

此式共有五个分解动作。

动作一：眼转视右后方；身继续略左转，右腿缠法不变，左膝弓塌，右膝松垂，成半盘步；同时，右拳变顺缠，在原高度走里小下弧线自转前伸，拳心侧向左后上斜角，拳眼侧向右前上斜角，左手仍逆缠略向左上斜角旋转，手心侧向左前上斜角，手指扬向右前上斜角。（图3-131）

作用： 右倒挒法，也是闪跌法。假如有人从我右后方双手按我腰背，我随势左转身，右肩松沉，拳变顺缠，挒化来势。左手略上转，右膝松垂，以保持平衡。

图3-132

动作二： 眼法不变；身右转，胸向右前斜角，双腿缠法变为右顺左逆，左腿松塌裆劲，脚尖内扣成内八字马步；同时，右拳变逆缠向胸前收转，肘尖外凸，肩部松沉，拳心侧向左后下斜角，拳眼侧向左后上斜角，左手变顺缠，收沉肘部，向左耳旁收转，手心侧向右后上斜角，手指扬向左前上斜角。（图3-132）

作用： 转身靠肘连环法。对方按法被引挒化，为避免失势前倾，自动向后调转身法。我即右转身，松沉右肩，以发靠、肘、挤。左手仍为右手接应。

图3-133

动作三： 眼法不变；身继续右转，左腿仍逆缠，屈膝塌劲，以左脚脚跟为轴内扣左脚尖，右腿仍顺缠，以前脚掌贴地向右后划弧，收转到左脚右前侧约一肩宽，成右前虚步；同时，右拳变顺缠，松肩沉肘向胸前收转，拳心侧向左后上斜角，拳眼侧向右前上斜角，左手先逆后顺，经左腮旁向胸前转出，高与口平，手心侧向右后上斜角，手指扬向左前上斜角。（图3-133）

作用： 双手挒捌、兼右腿倒扫法。对方挒化我肩靠、肘打两法时，劲

向我右偏。我以右手引其右手，并转扫右腿将其打出。

图3-134

动作四：眼法不变；身继续略右转（裆转而上身不转成立体螺旋状），双腿缠法变为左逆右顺，右膝弓住塌劲，左脚前踢；同时，左手变逆缠，走里左下弧线向左后外斜角转出，手心侧向左后下斜角，手指指向右前下斜角，右拳变逆缠为掌，走外上弧线经过右腮旁向前转出，手心侧向左前下斜角，手指扬向左前上斜角。（图3-134）

作用：*左引左踢法。对方闪开我右腿时，按我左手。我以左手向下引之。同时以左脚踢裆，右手蓄劲以待。*

动作五：眼法不变；身左转，双腿缠法变为左顺右逆，未落左脚前，再提右脚向前踢出；同时，右手变顺缠向前发劲，拍击右脚面，然后原地落下双脚，右前、左后相距尺许，成右侧小马步。（图3-135、图3-136）

图3-135

图3-136

作用：连环上踢法。

要点：第一动作的右手要注意在原处沉转，不可向前或上。第二动作要随腰之右转而下塌裆劲。

三十七、护心拳

式名考释：此式系说明动作作用的，因双手在胸前交替旋转，故名。陈鑫老谱名“兽头势”，亦名“寿桃势”。歌诀为：寿桃势如牌挨进，好武艺不怕雷攻。

此式共有七个分解动作。

动作一：眼转视右前；身继续左转，双腿缠法及步型仍为右侧小马步不变；同时，右手顺缠，走外下弧线向胸前收转，手心侧向左后上斜角，手指扬向右前上斜角，左手仍逆缠，向左后外斜角略开，继续旋转至高与口平，手心侧向左后下斜角，手指扬向右前上斜角。（图3-137）

图3-137

作用：引掤法。假如有人用右手从我右前按我右臂，我随势左转身，收右手掤化，左手配合右手保持平衡。

动作二：眼法不变；身右转，胸向右前斜角，右腿变顺缠，屈膝塌劲，左腿变逆缠，用左脚尖划地向左后退一步，落下脚跟成右弓步；同时，右手变逆缠，走外右上弧线向右前转出，手心侧向右前下斜角，手指扬向左前上

斜角，左手变顺缠，走外上弧线转到胸前，手心侧向右后上斜角，手指扬向右前上斜角。（图3–138）

作用：右手反拿法。对方按法被化，又向我右方继续前按。我以右手外掤，反拿其右腕，左手转回接应右手。

动作三：眼法不变；身左转，胸向左前斜角，左腿变顺缠，屈膝塌劲，右腿变逆缠，退收到左脚的右前斜角约一肩宽，成右侧小马步；双手参照图3–106的手法动作。（图3–139）

作用：退步掤法。对方为化我反拿，用双手按我右肘。我随势左转身退右步掤化来势，左手收转保持平衡。

动作四：眼法不变；身继续略左转，双腿缠法不变，左膝弓住塌劲，右脚尖向里斜着勾起，用右脚跟里侧贴地向右前斜角转进一步约两肩宽，落下成右侧马步；同时，右手变拳仍顺缠，肘贴右肋，拳心侧向右后上斜角，拳眼侧向右前上斜角，左手在原高度继续加大逆缠，掌心侧向左前下斜角，手指扬向右前上斜角。（图3–140）

图3–138

图3–139

图3–140

作用：进右步肩靠法。我掤化对方按法，随势进右步，用右肩靠攻其胸部。

动作五：眼、身、步、手、作用均参照图3-63，只不过此式步型的方向是斜的，左手变掌为拳。（图3-141）

图3-141

动作六：眼法不变；身左转，腿部左顺右逆；同时，右手先变顺缠，走外上弧线向右上转，当转到右腮旁，拳自转变逆缠，拳心侧向左前下斜角，拳眼侧向左后上斜角，左拳仍顺缠，走下弧线向胸前收转，拳心侧向左后下斜角，拳眼侧向左前上斜角。（图3-142）

图3-142

作用：蓄劲法。

动作七：眼、身、步均不变；左手仍顺缠，走里右下弧线收到胸口，拳心侧向左后上斜角，拳眼侧向左前上斜角，右手变顺缠下转到心口前，拳心侧向左后上斜角，拳眼侧向右前上斜角。（图3-143）

图3-143

作用：平挒法。我左手拿其左腕向胸部引转，右肘制其左肘关节外上侧成挒法。

要点：第二动作左腿不可蹬直。第七动作右臂不可伸直。

三十八、旋风脚

式名考释：象形，因身法、步法、手法同时旋转，由合而开，像旋风的螺旋运动，故有此名。陈氏老谱名“踢一脚蹬一根”，其他各式太极拳无此名。

此式共有四个分解动作。

动作一：眼法不变；身右转，双腿缠法变右顺左逆，右膝弓塌，左膝略垂；同时，右拳变逆缠为掌，走外右上弧线向右略转，高与胸齐，手心侧向右前下斜角，手指扬向左前上斜角，左手逆缠变掌，走里右上弧线，随身略向右转，手心侧向右后上斜角，手指扬向右前上斜角。（图3-144）

作用：右转挤法。对方左臂被捌，欲换进左步，松沉左臂。我变右转，以右手挤之使其不得进。

动作二：眼法不变；身左转，双腿缠法变为左顺右逆，左膝弓塌，右脚脚掌贴地略向后收，收到左脚右前斜角约一肩宽，成右前虚步；同时，左手在心口前变顺缠自转，手心侧向右后上斜角，手指垂向右后下斜角，右手变顺缠，走外下弧线向胸前收转，手高齐颏下，手心侧向左后上斜角，手指扬向右前上斜角。（图3-145）

图3-144

图3-145

作用：左捋兼右脚小扫法。对方身向左松肩沉肘，化我挤法，进左步于我右足里侧。我向左捋其左臂，并用右脚带其左脚，作小扫法。

动作三：眼、身、步、手、作用均参照图3-120的动作。（图3-146、图3-146附图）

图3-146

图3-146附图

动作四：眼法不变；身继续右转，右腿屈膝塌劲，左脚脚尖勾起，向左侧方向摔成右独立步；同时，双手逆缠向左右下转，左手横打左脚里侧发声，手心侧向左后方，手指扬向左前上斜角，右手心侧向右后方，手指扬向右前上斜角，左手高与胸齐，右手高与肩齐。（图3-147）

图3-147

作用：左手配合左脚夹击法。对方为化我捋势，松沉肘部，攻击我胸部。我随势用左臂横击其胸部，同时用左腿击其腰部，配合左手成夹击势。

要点：第一动作直接向右转身，右手外转，不要向左先转再向右转。第四动作起左腿时，要注意上身不可向右歪斜，要保持中正。

三十九、右转身蹬脚

式名考释：取义同前。我加“右转身”三字以别方向。

此式共有五个分解动作。

动作一：眼法不变，随身右转自然看向左前方；身右转180°，双腿缠法不变，右腿仍弓住塌劲，以右脚跟为轴，向右外摆脚尖180°，左腿同时收膝，在空中走里右弧线，提膝收回成右独立步；同时，左手变顺缠，走外上弧线收肘向胸前，手心侧向右后上斜角，手指扬向左前上斜角，右手也变顺缠，走外上弧线向左肘尖下侧收转，手心侧向左后上斜角，手指扬向左前上斜角。（图3-148）

图3-148

作用：右转截掤法。假如有人用右手向我右后方拧转我右腕，我随势右转身，用顺缠扬前臂，右手向来劲方向逆转，掤化来势。左手收转接应。

动作二： 眼法不变；身右转，双腿缠法不变，右腿仍弓膝塌劲，左腿以脚跟贴地向左横开一大步，落下成左侧马步；同时，双手动作参照图3-52的动作。（图3-149）

图3-149

作用： 进步挤法。对方因我截掤后，左脚有前蹬准备，急忙撤退右步。我随势进左步挤之。

动作三： 眼转视右后方；身仍右转，胸向右前斜角，双腿缠法右顺左逆，左腿屈膝塌劲，右腿用右脚掌贴地向里收半步，成右侧小马步；同时，右手变顺缠，走外上弧线，肘向里收，手高经右腮收到胸前，手心侧向左后上斜角，手指扬向右前上斜角，左手也变顺缠，走外上弧线，上转收到胸前，手心侧向右前上斜角，手指扬向左前上斜角。（图3-150）

图3-150

作用： 右转收掤法。当我进步挒时，又有人从我右后侧用双手按我右臂。我随势右转身退右步，收转右手掤化来势，左手同时收回，作为接应。

动作四： 眼法不变；身左转，双腿缠法变为左顺右逆；同时，双手逆缠，如向下按物状合在裆前，左手心侧向右后下斜角，手指扬向右前上斜角，右手心侧向左后下斜角，手指扬向正前方。（图3-151）

图3-151

作用： 双手下掤法。假如对方按我的手被我收掤，又转变按的方向往下发劲。我随势再左转身，用双手变逆缠下转掤化来势。

动作五： 眼法不变；身先左转，双腿左顺右逆，暗换裆劲，身法不变；双手略变顺缠内合，再逆缠握拳，右手在外；身即略右转，左腿逆缠弓膝塌劲，右腿顺缠，提膝右蹬，高与胯齐；同时双手顺缠，右下左上斜开，配合右脚发劲，左手高与眼齐，拳心侧向右前上斜角，拳眼侧向左后上斜角，右拳高与右膝外齐，拳心侧向左前上斜角，拳眼侧向右后上斜角。（图3-152、图3-153）

图3-152

图3-153

作用： 右蹬法。假如对方从我右侧用右手拧我右臂，我随势右转身，松沉右腕反拿对方右腕，并用右脚蹬其右膝或左膝关节。左手上开保持平衡。

要点： 蹬脚时右腿不可蹬得太直。

四十、掩手肱捶

式名考释： 同前。但在变式时，手部加了左右旋转的两个动作。二路将这两动另起新名为海底翻花，一路仍未另立新名。

此式共有六个分解动作。

动作一： 眼法不变；身略左转，胸向左前斜角，双腿缠法变为左顺右逆，左膝弓住塌劲，右膝向腹前收转带回右小腿，成左独立步；同时，左拳仍顺缠，走外左上弧线向左胯外侧下转，拳心侧向右前上斜角，拳眼侧向左后上斜角，右拳变逆缠，走外左上弧线略向右胸前上转，拳心侧向左后下斜角，拳眼侧向左后上斜角。（图3–154）

作用： 右手掤法。假如有人用右手按我右腕，我随势左转身，用右手掤化。

动作二： 眼法不变；身右转90°，胸向正前方，双腿缠法变为左逆右顺，左腿以左脚跟为轴，随身之右转向里扣转左脚尖，右膝略向裆前提合，仍为左独立步；同时，双手缠法变为左逆右顺，左拳走外右上弧线向左腮旁上转，右拳走外右上弧线向右胯外侧下转，左拳心侧向右前下斜角，拳眼侧向右后下斜角，右拳心侧向左后上斜角，拳眼侧向右前上斜角。（图3–155）

图3–154

图3–155

作用：右手反拿法。我掤化对方拿我之势，立即向右转身，用右手反拿对方握我之手。左手配合右手保持平衡。

动作三、四、五、六：眼、身、步、手及作用均参照图3-51～图3-54的所有动作。

要点：第二动作右膝在随身右转时，要向左提扣在裆前。

四十一、小擒打

式名考释：此名系说明动作作用的。陈鑫老谱名为“小擒拿”；又名“贴门栓”，今依小擒打，故名。

此式共有四个分解动作。

动作一：眼法不变；身继续左转，胸向左前斜角，左腿仍顺缠，屈膝塌劲，外摆左脚尖，右腿逆缠，提膝向左脚的右前斜角进一步约一肩宽，落下右脚成右小盘步；双手动作参照图3-55的双手动作。（图3-156）

图3-156

作用：进步掤法。假如有人在我前方用右手拿我右腕向前引我，我随势左转身，右拳顺缠掤化其劲，并进右步随之。

动作二：眼法不变；身右转，右腿变顺缠，外摆脚尖，弓膝塌劲，左腿变逆缠，提膝以左脚跟里侧贴地向左前方进一大步，不落脚尖成左仆步；双手动作参照图3-56的手部动作。（图3-157）

图3-157

作用：进步右採左按法。我挒化对方引拿后，立即变反拿其右腕向右上引，左手按其肋部。

动作三：眼法不变；身略右转，胸向正前，双腿缠法变为左逆右顺，左腿屈膝落下左脚尖，成左侧马步；同时，左手变顺缠，走外上弧线向胸前收转，肘尖向胸，手心侧向右后上斜角，手指扬向左前上斜角，右手变顺缠，走外下弧线向胸下收转，手心侧向左后上斜角，手指扬向左前上斜角。（图3-158、图3-158附图）

图3-158

图3-158附图

作用：左挒右挒法。对方为化我右採左按，用左手向前挒我左手，右肘松沉攻我。我随势右转身，左手收挒，右手引其右腕向我胸前下转，以左肘关节内侧制其右肘关节外侧成挒势。

动作四：眼法不变；身左转，胸略向左前方，双腿缠法不变，步型不变；同时，左手变逆缠，在原高度以肘为轴旋转前臂，手高齐颏下，手心侧向左前

下斜角，手指扬向右前上斜角，右手也变逆缠，向左肘下侧按出，手心侧向左后下斜角，手指扬向左前上斜角。（图3-159）

作用：左挤右按法。对方为化我挒势，松沉右肘向右拨我。我随势左转身，用左手挤其胸部，右手按其小腹气海穴。

要点：此式的步型要正，不可斜。

图3-159

四十二、抱头推山

式名考释：此式名系说明作用的。比如任凭它是一座山也要推倒它，所以叫作“抱头推山”。陈氏老谱解释：龙身熊膀虎抱头。杨式太极拳名为“抱虎归山”，也有叫作“豹虎归山”。吴式名为“抱虎推山”。

此式共有六个分解动作。

动作一：眼看右后方；身继续略左转，胸仍向正前方，双腿缠法左顺右逆，右膝略向下松垂，步型不变；同时，左手继续逆缠，略向左上转，高齐颏下，手心侧向左前下斜角，手指扬向右前上斜角，右手变顺缠在原处自转，手心侧向左后上斜角，手指指向左前上斜角。（图3-160）

图3-160

作用：左转身右倒掤法。假如有人从我右后侧双手按我右臂肩，我随势左转身掤化来势。左手上转保持平衡。

动作二：眼法不变；身略右转，胸向不变，双腿缠法变为左逆右顺，右膝弓塌，左脚尖随身内扣，成内八字马步；同时，右手变逆缠，随身右转在原处旋转，手心侧向左后下斜角，手指垂向左前下斜角，左手变顺缠，走外上弧线，肘尖向里，手转到左腮旁，手心侧向右后上斜角，手指扬向左前上斜角。（图3–161）

图3–161

作用：右转身靠肘法。我掤化对方来势后，立即右转身，用右肩、肘攻击其胸肋部，左手转回接应。

动作三：眼法不变；身继续右转，胸向右前斜角，左腿仍逆缠，屈膝塌劲，右腿仍顺缠，走外右里弧线向左脚前收转，双脚相距一肩宽成右前虚步；同时，右手变顺缠，走外下弧线转到胸前，手心侧向左后上斜角，手指扬向左前上斜角，左手仍顺缠，沉肘，经面前转到右手里侧，交叉合住，手心侧向右后上斜角，手指扬向右前上斜角。（图3–162）

图3–162

作用：双手转掤，右腿小扫法。对方为掤化我靠肘法，用双手向右按我右肩时，我随势右转身，用右脚带其左脚向后扫。双手转在胸前斜抱掩护胸部。

动作四：眼法不变；身左转，胸向左前斜角，双腿缠法变为左顺右逆，步型不变；同时，右手变逆缠，走右下弧线向右前下斜角转出，高与裆平，手心侧向右前下斜角，手指扬向左前上斜角，左手变顺缠向胸口上转，手心侧向右后上斜角，手指垂向右前下斜角。（图3–163）

图3–163

作用：左引右下击法。假如有人双手抓拿我双臂弯按我，我顺势左转身用左手引化来势，用右手击其小腹右侧。

动作五：眼法不变；身继续左转一点，胸向不变，双腿缠法不变，左脚尖略向外摆，屈膝塌劲，右脚跟贴地，勾起脚尖向右横开一大步，不落脚尖成右仆步；同时，右手变顺缠，走外上弧线收肘向胸前上转，前臂向右上扬，右手心侧向左后上斜角，手指扬向右前上斜角，左手在胸前顺缠，以指自转，手心侧向右后上斜角，手指垂向右前下斜角。（图3–164）

图3–164

作用：进步平挒法。对方向左转身化我左引右击法，仍拿我臂弯，并进右步向前按我。我双手立变顺缠，用右手挒其左肘，左手挒其右腕，同时进右步准备攻其胸部。

图3-165

动作六：眼法不变；身右转，胸向右前斜角，双腿缠法变为左逆右顺，左膝弓塌，右脚脚尖踏落，弓膝成右侧马步；同时，双手逆缠向右前按，高与胸齐，右手心侧向右前下斜角，手指扬向左前上斜角，左手心侧向右前下斜角，手指扬向右后上斜角。（图3-165）

作用：马步右按法。对方为化我挒法，身变左转，沉肘欲退。我随势按之。

要点：第一个动作倒掤时，眼先向右肩后看，右膝必须松沉。第三个动作，右转身撤右步时，手法必须将掤劲走得十分圆满，要保持一定的分量，不可太虚，否则丢劲。

四十三、三换掌

式名考释：同前。

此式共有三个分解动作。

动作一、二、三：眼、身、手、作用均参照图3-77～图3-79。但步法变化较大。动作一，左膝弓塌，右膝内收成右半仆步；动作二，恢复右侧马步；动作三，变右半盘步。（图3-166～图3-168）

要点：注意步法与十九式的不同，前式以练右腿为主，此式则以练左腿为主。

图3-166

图3-167

图3-168

四十四、单鞭

式名考释：同前。

此式共有四个分解动作。

动作一：眼法不变；身略左转，双腿缠法变为左顺右逆，右腿屈膝塌劲，左腿向左横开小半步，成右侧马步；同时，右手变逆缠，从左臂上侧向右前上斜角转出，手高齐口，手心侧向右前方，手指扬向左前上斜角，左手参照图3-21的左手动作。（图3-169）

图3-169

动作二、三、四：眼、身、步、手、作用均参照图3-22～图3-24。眼转向左前方。要点从略。

四十五、前招

式名考释：此式系说明动作作用和方向的，以掤化为主，故名前招。陈鑫老谱名为“前昭”，解释“昭”为向前看观察敌情的意思，又解释为顾盼之意，说明太极拳的眼法，“招”与“昭”为用，故有此名。

此式共有两个分解动作。

动作一：眼法不变；身、步、手、作用均参照图3-104的所有动作。（图3-170）

动作二：眼法不变；身右转，右腿变顺缠，屈膝塌劲，脚尖外摆，左腿逆缠，向右脚的左前斜角收转半步成左前虚步；手法同云手第四动作，但旋转角度较云手为小。（图3-171）

图3-170

图3-171

作用：转掤法。假设有人从我上式单鞭两手分开之际从我前方进右拳攻我，我右转身斜进左步，以左肘掤之。

四十六、后招

式名考释：取义同前，但眼睛转而向后，所以名为后招。

此式共有两个分解动作。

动作一：眼法不变；身左转，左腿顺缠，向左前斜角进半步约尺许，屈膝塌劲，右腿逆缠，跟进在左脚的后侧约一肩宽，但因身法转动，而自然形成右前虚步；同时，左手逆缠，从胸前向左前方上转，手高齐口，手心侧向左前下斜角，手指扬向右前上斜角，右手顺缠向胸前收转，手心侧向左后上斜角，手指扬向左前上斜角。（图3–172）

图3–172

作用：左进步肘挤法。前式我将对方来劲引掤化开，立即进左步于对方裆中，以左手挤之。

动作二：眼看右方；身右转，腿部右顺左逆，暗换裆劲，步法不变；同时，右手变逆缠，从胸前向右前上斜角转出，高与口齐，手心侧向右前下斜角，手指扬向左前上斜角，左手变顺缠收转在胸前，手心侧向右后上斜角，手指扬向右前上斜角。（图3–173）

图3–173

作用：右转身掤法。假如有人从我右后侧双手按我的右手，被我反掤，又欲向左转身解脱，我随势右转身，用右手转掤来势，左手转回掩护胸部。

要点：此势的手法、步法要小而灵。但腰、裆、膝松沉得更加稳重，才符合“退要刚，进要柔”的规律。

四十七、野马分鬃

式名考释：此名系象形的，左右旋转而进，动作灵舒，如同天马行空，飞奔起来，步子放低，中指擦地，鬃毛随风左右分披之状。各式太极拳均有此名，但练法不同。

此式共有五个分解动作。

动作一：眼法不变；身左转，双腿缠法变为左顺右逆，左腿屈膝塌劲，左脚尖略外摆，右腿以右脚跟里侧贴地，脚尖斜里勾，向右前方进一大步约两肩宽，落下脚尖成右侧马步；同时，右手变顺缠，走外下弧线，沉肘贴肋，再向右前方外转，手高齐肩，手心侧向左前上斜角，手指扬向右前上斜角，左手变逆缠，走外左上弧线，向左前上斜角上转，高与眼齐，手心侧向左前下斜角，手指扬向右前上斜角。（图3–174、图3–175）

作用：右进步挤、肘、靠法。假如有人从我右前方双手按我右肘、腕，劲向左偏，而来势猛劲。我身左转以化来劲，以右手先掤再变挤、肘、靠法。左手向左上转，以保平衡。

图3–174

图3–175

动作二： 眼法不变；身右转，双腿缠法变为左逆右顺，右腿以右脚跟为轴，外摆脚尖，屈膝塌劲，左腿同时提膝向右脚的左前方进一大步，约两肩宽，经过盘步成左侧马步；同时，左手变顺缠，走外下弧线，沉肘贴肋，手经心口前再向左前方上转，高与肩平，右手变逆缠，斜向右后上斜角转出，手高齐眼，手心侧向右前下斜角，手指扬向左前上斜角。（图3-176）

图3-176

作用： 转身进步右引左靠法。

动作三： 眼法不变；身左转，胸向左前斜角，双腿缠法变为左顺右逆，左腿屈膝塌劲，右腿向前跟进半步约一肩宽成右后虚步；同时，手部动作参照图3-25的双手动作，只是将左转身搗碓的步法变活。（图3-177）

图3-177

作用： 跟步掤法。对方双按我左臂，我跟步以手掤化。

动作四： 眼法不变；身右转，胸向正前方，双腿缠法变为左逆右顺，右腿向后退一大步，屈膝塌劲，左腿跟退半步约一肩宽成左侧小马步；同时，左手变顺缠，走外上弧线收到胸前，手心侧向右后上斜角，手指扬向左前上斜角；右手变逆缠，斜向右后上斜角转出，高与眼平，手心侧向右前下斜角，手指扬向左前上斜角。（图3-178）

图3-178

作用：退步收掤法。如左转身捣碓第二动作，但步法较活。

动作五：眼法不变；身左转，胸向左前斜角，双腿缠法变为左顺右逆，左腿向左前进一大步，屈膝塌劲，右腿跟进半步约一肩半宽成左侧小马步；同时左手变逆缠，走里左前弧线发劲，向左前转出，手高齐胸，手心侧向左前下斜角，手指扬向右前上斜角，右手变顺缠，走外左下弧线向胸前收转，手心侧向左后上斜角，手指扬向左前上斜角。（图3–179）

图3–179

作用：左转身进步掤击法。与图3–27同，但加了活步发劲。

要点：此势的一、二动作就是云手的放大，后三个动作是捣碓的活步练法。

四十八、左转身六封四闭

式名考释：同前，但我加上“左转身”三字，使学者易辨方向。

此式共有四个分解动作。

动作一：眼法不变；身略右转，胸向正前，双腿缠法变为左逆右顺，步型不变；同时，左手变顺缠，走外上弧线，略向胸前收转，手心侧向右后上斜角，手指扬向左前上斜角，右手变逆缠，走外右上弧线，略向右上转，手心侧向右前下斜角，手指扬向左前上斜角。（图3–180）

作用：转身掤法。对方向我右方按我左肘。我变右转，以左手收掤之。

动作二：眼法不变；身左转，双腿缠法变为左顺右逆，左脚尖外摆，右脚提进到左脚的右前方尺许，成右前虚步；同时，左手继续顺缠，肘不离肋，手走里左下弧线，向左外转出，手心侧向右后上斜角，手指垂向右前下斜角，右手也变顺缠，走外下弧线向右前斜转，高齐颏下，手心侧向左后上斜角，手指扬向右前上斜角。（图3-181、图3-181附图）

作用：左转身进右步捋法。对方按我的手劲，转而向我左下方。我以左手缠其右腕，以右手搭其肘部，进右步捋之。

图3-180

图3-181

图3-181附图

动作三：眼、身、手、作用均参照图3-17。只有步法是：左腿屈膝塌劲，右腿提到左脚的右前方一大步，成右侧马步。图从略。

动作四：眼、身、手、作用均参照图3-18。只有步法因身变右转，因而右腿顺缠屈膝塌劲，左腿逆缠跟进约一肩宽成左后虚步。（图3-182）

图3-182

要点：手上的动作虽然与前面的“六封四闭”相同，但步法不一样，不可把步法与前面雷同。

四十九、单鞭

全部参照图3-19～图3-24的各法。图从略。

五十、退步双震脚

式名考释：此式系说明拳势动作的。陈鑫老谱及《陈氏太极拳汇宗》无此名，《陈式太极拳》书增入此名，因采用之。实则和穿梭是一个式子，也是穿梭的准备动作。老式可不退行，在转身后立即跃起震脚，其他太极拳无此名。

图3-183

图3-184

图3-184附图

此式共有九个分解动作。

动作一：眼转看右方；身左转，胸向左前斜角，双腿缠法变为左顺右逆，步型不变；同时，右手仍顺缠，变勾为掌走外下弧线，从右前斜角转向右正方，高齐胸前尺许，手心侧向左前上斜角，手指扬向右前上斜角，左手变逆缠，走里右下弧线，沉肘略向左下转，高与腰齐，手心侧向左后下斜角，手指扬向右前上斜角。（图3-183）

作用：右倒捌法。假如有人趁我右手外开用右手拿我右手腕向右拧转，我随势左转身，用右手截捌来势，左手配合保持平衡。

动作二：眼法不变；身右转，胸向右前斜角，双腿缠法变为左逆右顺，右腿屈膝塌劲，左脚尖内扣，成内八字马步；同时，右手变逆缠，走外右上弧线，向右上转出，高齐颏下，手心侧向右前下斜角，手指扬向左前上斜角，左手变顺缠，走外上弧线，收转在胸前，手心侧向右后上斜角，手指扬向右前上斜角。（图3-184、图3-184附图）

作用：右手小採法。对方右手被化，又向左转身，用右手按我。我随势右转身，用右手反拿其右腕。左手配合保持平衡。

动作三：眼法不变；身左转，双腿缠法变为左顺右逆，左腿弓膝塌劲，右脚向左脚的右前斜角收转约一肩宽成右侧小马步；同时，右手变顺缠，走外下弧线向胸前收转，手心侧向左后上斜角，手指扬向右前上斜角，左手仍顺缠，走里左下弧线向心口收转，手心侧向右后上斜角，手指垂向右前下斜角。（图3-185）

作用：退步掤法。对方为化我右手拿法，加左手按我时，我随势转退右步，掤化来势，左手转回作接应。

动作四：眼法不变；身右转，双腿缠法变为左逆右顺，左膝屈膝塌劲，右腿以脚尖划地退到左脚的右后方，成左小盘步；同时，右手变逆缠，走外右上弧线向右前上转，高齐颏下，手心侧向右前下斜角，手指扬向左前上斜角，左手变逆缠，走里左下弧线，经左胯前变顺缠走外右上弧线，收转到胸前，手心侧向右后上斜角，手指扬向右前上斜角。（图3-186）

图3-185

图3-186

作用：退步右挤法。对方按法被化，劲向右偏。我立即变右转，用右手挤其胸部，左手转回作接应。

动作五：眼法不变；身左转，双腿缠法变为左顺右逆，左腿向后退一大步约一肩半宽，随即右腿跟退半步，双脚相距一肩宽成右侧小马步；同时，右手变顺缠，走外弧线向胸前收转，手心侧向左后上斜角，手指扬向右前上斜角，左手继续顺缠，在胸前自转，手心侧向右后上斜角，手指垂向右前下斜角。参照图3-185。

作用：退步掤化。对方加大按法。我继续退右步，用右手掤化来势，左手下转保持平衡。

动作六：眼、身、步、手、作用均重复动作四。图从略。

动作七：眼、身、步、手、作用均重复动作五。图从略。

动作八：眼法不变；身左转，胸向左前斜角，双腿缠法左顺右逆，随身左转的螺旋力而蹬地向上跃起，右腿提膝，高与裆齐，小腿自然下垂；同时，双手皆顺缠，随身上跃，肘不离肋，右手高齐颏下，手心侧向左后上斜角，手指扬向右前上斜角，左手在胸前顺缠自转，手心侧向右后下斜角，手指垂向右前下斜角。（图3-187）

图3-187

作用：双手上掤兼右膝攻裆法。假如有人从正前方双手扑按我右臂部，我因无地后退，只得随势左转身向上跃起，用双手掤化来势，右膝随身上跃攻其裆部。

动作九：眼法不变；身略右转，双腿缠法变为左逆右顺，随身之右转先左后右下落震脚发声，双脚右前左后相距一肩宽成右侧小马步；同时，双手变逆缠，在胸前原处旋转，左手心侧向右后下斜角，手指扬向右前上斜角，右手心侧向左前下斜角，手指扬向左前上斜角。（图3-188）

图3-188

作用：震脚双下掤法。对方为化我攻势，向后收裆躲过膝打，趁我下落之机又用按法攻击我。我用双手逆缠掤化来势。

要点：此式的右手始终在自己的正前方旋转，不可偏离自己的中心。第八动作上跃时，腰裆的劲不可散开，身子更不可上长，保持周身浑然一体。第九动作双脚均落回原地。

五十一、玉女穿梭

式名考释：此式名系象形的。因其动作，双手左右转开，身亦随之跃出，如梭之穿行，故名玉女穿梭。陈式新旧谱，各式太极拳均同此名。

此式共有两个分解动作。

动作一：眼法不变；身右转，胸向右前斜角，双腿缠法不变，右脚向前滑进半步，左脚同时跟进半步，步型保持右侧小马步；同时，双手加大逆缠，随身向前挤按，右手手心侧向右前下斜角，手指扬向左前上斜角，左手搭在右臂弯里侧，随右手向前转击，手心侧向右前下斜角，手指扬向右后上斜角。参照图3-188。

作用：滑步右挤法。对方为化我下踩之势，向后退步。我随势向前滑步，右手挤其胸部，左手助攻。

动作二：眼法不变；身继续右转，在跃进时，于空中旋转一整圈，左腿逆缠，脚部用力蹬地，右脚亦顺缠用力蹬地，提左膝向前转进，落步时，右脚也即刻旋转前进，落在左脚的右侧约一肩半宽，成右侧马步；同时，左手逆缠，从胸前向右平按发劲（随身发劲旋转跃起），当身转将落左脚时，左手按劲转向左下方，齐胯，手心侧向左外下斜角，手指扬向右前上斜角，右手也变逆缠，于左手按出同时向右前上斜角转出，待右脚落下塌稳，手高齐眼，手心侧向右前下斜角，手指扬向左前上斜角。参照图3-10。

注： 此式两个动作可以合成一个动作来完成。就是左腿向前跃起，尚未落下之际，右腿蹬地随跃，在空中完成转体动作。跃进的大小因人而异，主要是依靠右腿蹬力的大小而定跃进远近。

作用： 左手平按跃进突围法。当我右手掤按，对方略闪，又以左手平按，迫使对方加大右闪方向，我即趁势跃出其包围之圈。

要点： 跃进转体的练法应注意身体的平衡。

五十二、拦擦衣

式名考释： 同前。

此式共有三个分解动作。

动作一、二、三： 均参照图3-11～图3-13的眼、身、手的动作及作用，但合手时右脚再进半步。图解从略。

五十三、六封四闭

式名考释： 同前。

此式共有五个分解动作。全部参照图3-14～图3-18的眼、身、步、手、作用、要点。图解从略。

五十四、单鞭

式名考释： 同前。

此式共有五个分解动作。全部参照图3–19～图3–24的眼、身、步、手、作用、要点。图解从略。

五十五、中云手

式名考释：同前，唯加“中”字，以区别三个云手的次序及不同的练法。

此式共有八个分解动作。

动作一、二、三均参照图3–104～图3–106的眼、身、步、手及作用。图3–189作衔接图。（图3–189）

动作四：眼、身、手的动作及作用均参照图3–107。双腿缠法变为左逆右顺。左腿屈膝塌劲，右腿以脚尖贴地向左腿左后斜角进步，脚尖点地，右脚跟斜向左后斜角成右小盘步。（图3–190）

作用：侧身偷步掤法。因对方按我的部位，上云手按法按在我的左腕部，此则按我的左肩背，所以向右转，而偷进右脚于其裆中，准备发靠。

图3–189

图3–190

动作五： 眼、身、步、手的动作及作用均参照图3-106。图略。

动作六： 眼、身、步、手的动作及作用均重复图3-190。图略。

动作七、动作八： 重复动作五、动作六。图略。

要点： 此式较"上云手"的手法略偏右一点。盘步的右脚不可进得太大，右转体也不要过大。

五十六、双摆莲脚

式名考释： 此名系象形的，因右脚的动作向右摆，如同风摆莲花似的。《陈氏太极拳汇宗》有此名，《陈式太极拳》书则将下式跌岔与此合为一名，陈氏老谱名为"风摆柳"。

此式共有两个分解动作。

动作一： 眼转看右前斜角；身左转，双腿缠法变为左顺右逆，右腿落下右脚跟，屈膝塌劲，左腿以左脚尖划地向左横退一大步，屈膝塌劲成右侧马步；同时，右手变顺缠，走外下弧线下塌外碾，手心侧向左前下斜角，手指扬向右前上斜角，左手仍顺缠，走里小下弧线向胸前收转，手心侧向右后上斜角，手指垂向右前下斜角。（图3-191）

图3-191

作用： 为右腿的摔法蓄劲。假设有人从我右方按我右臂，我左转身沉肘掤化之。

动作二：眼法不变；身左转，双腿缠法不变，左腿屈膝塌劲，右腿提膝，以小腿和右脚先走里左下弧线，再走外右上弧线向右外斜角摔转，成左独立步；同时，左手逆缠，走里左下弧线向左外转，手心侧向左前下斜角，手指扬向右前上斜角，右手顺缠，走外下弧线向左发劲，与左手先后击打右脚面发声，手心侧向左后上斜角，手指扬向左前上斜角。（图3-192）

图3-192

作用：双手左引右脚摔法。假设有人从我右侧向左按我，我左转身，用右手向左引进，用右脚摔其胸肋部。

要点：练此式必须塌好裆劲，注意手脚同时发劲。

五十七、跌岔

式名考释：此名系说明动作作用的。陈氏老谱名为"一堂蛇"，乃败中取胜法。各式太极拳无此名。

此式共有两个分解动作。

动作一：眼转看左前方；身继续左转，胸向左前斜角，双腿缠法不变，左腿屈膝塌劲，右脚收回震落在左脚跟里侧，成斜丁字步；同时，左手变顺缠，握拳走外上弧线向胸前收转，拳心侧向右后上斜角，拳眼侧向

左前上斜角，右手顺缠握拳，在胸前自转合在左腕下侧，拳心侧向左后上斜角，拳眼侧向右前上斜角。（图3–193）

作用： 左手收掤法。假设有人从我前方用左手按我左腕，右手按我左肘，我随势左转身落右脚，用左手掤化来势，右手转回接应左手。

动作二： 眼法不变；身右转，胸向正前方，双腿缠法变为左逆右顺，右腿屈膝塌劲，左腿向里勾起左脚尖，以左脚跟里侧贴地，向左前方蹬出一大步成左仆步；同时，右拳变逆缠，走外右上弧线向右前上斜角转出，拳心侧向右前下斜角，拳眼侧向左后下斜角，左拳也逆缠，走里左下弧线向左膝里侧下转，拳心侧向左前下斜角，拳眼侧向右后上斜角。（图3–194）

图3–193

图3–194

作用： 右採左挤兼左蹬法。对方为化我掤法，双手加强按攻。我随势右转身，用右手从其左腕下反缠其右腕，向右採出，用左手攻其裆部，同时用左脚蹬其右臁。

要点： 练此式右膝应随左步下仆而松沉，将右膝前倾离地寸许，尾骨下坐，离地数寸不可贴地，左腿肚要贴地前蹬。

五十八、左金鸡独立

式名考释：此式系说明动作作用的。陈式及各式太极拳均名“金鸡独立”；陈氏老谱名为“朝天蹬”。

此式共有两个分解动作。

动作一：眼法不变；身变左转，右脚逆缠蹬地，屈膝塌劲，左腿顺缠，脚尖外摆，亦屈膝塌劲，成左大盘步；同时，左手变顺缠向前冲击，拳高齐裆，拳心侧向右后上斜角，拳眼侧向左后上斜角，右手也变顺缠，从右后上斜角松肩沉肘斜向左下转，收到胸前，拳心侧向左后上斜角，拳眼侧向右前上斜角。此式与下一动作衔接要紧密，特别注意右脚一蹬提膝而起。（图3–195）

图3–195

作用：左拳攻裆法。右拳作接应。

动作二：眼法不变；身先左转再略右转，左腿部裆劲顺缠塌好，膝部保持一定的分量度；右腿逆缠提膝，膝头内扣，高与裆平，小腿自然下垂，成左独立步；同时，左手变逆缠，向胸前上转齐胸口时从右手里侧向左下斜按，高与胯平，手心侧向左下方，手指扬向右前上斜角，右手继续顺缠经胸前，至口部变逆缠旋转而上托到头顶，手心侧向顶上，手指扬向左上方。（图3–196、图3–197）

图3-196

图3-197

作用：左下引右上托兼膝打法。

要点：此式第二动作右手及右膝向上转时，裆劲不可随着上起，应松塌裆劲才符合对立统一的法则。

五十九、右金鸡独立

式名考释：取义同前，加“右”字以别方向。

此式共有五个分解动作。

动作一：眼法不变；身略左转，胸向左前斜角，双腿缠法变为右逆左顺，左膝弓塌，右脚落在左脚的右旁约一肩宽，震脚发声，成小正马步；同时，右手从头顶先变顺缠下转，经口下时与左手相齐然后变拳，变逆缠，一左一右地下落在脐前，拳心侧向左后下斜角，拳眼侧向左后上斜角，左手从左外下斜角沉肘变顺缠，与右手相遇于口下后握拳变逆缠下落在脐前，双手

高低相同，拳心侧向右后下斜角，拳眼侧向右后上斜角。（图3–198）

作用： 换招变势的小转关，也叫作下惊上取法。右脚下落踩地做声，以分对方之神，兼有踩伤对方脚部的作用。歌诀有“下伤两脚不留情”之句。

动作二： 眼看左前方；身右转，双腿缠法变为右顺左逆，步型不变；同时左拳变顺缠，走里左小弧线向胸前旋转，拳心侧向右后上斜角，拳眼侧向左前上斜角，右拳仍逆缠，走里下弧线略外开旋转，拳心向下，拳眼侧向左后上斜角。（图3–199）

图3–198

图3–199

作用： 左掤法。对方攻势被化，加大右手的缠法，向我小腹攻来。我随势右转身，用左手向左上拨转掤化之。

动作三： 眼法不变；身左转，胸向正前方，双腿缠法变为左顺右逆，左腿屈膝塌劲，右腿用右脚尖贴地向右后外斜角退一大步成左弓步；同时，左拳变逆缠，走外左上弧线向左前斜角上转，拳心侧向左前下斜角，拳眼侧向右后下斜角，右手变顺缠上转，经右腮旁向左臂弯内侧随转，拳心侧向左后上斜角，拳眼侧向右前上斜角。（图3–200）

作用： 退步左挤法。对方攻势被掤化，又进靠肘攻击我。我随势退右步，用左手挤其右手肘部。右手配合助攻。

动作四：眼法不变；身右转，双腿缠法变为左逆右顺，右腿屈膝塌劲，左腿用左脚掌贴地向右脚的左前斜角收转约一肩宽，成左侧小马步；左拳变顺缠，走外下弧线向胸前收转，拳心侧向右后上斜角，拳眼侧向左前上斜角，右拳顺缠，走里右下弧线向胸前收转，拳心侧向左后上斜角，拳眼侧向右前上斜角，双手相距一前臂宽。（图3-201）

图3-200

图3-201

作用：右捋法。对方被挤化，又转身继续用右手攻击我。我随势右转身，用右拳向右拨其右腕，左手制其右肘关节外上侧成捋势。左脚带其前脚向后小扫。

动作五：眼法不变；身左转，双腿缠法变为右逆左顺，右腿仍屈膝塌劲，左腿提膝向裆前上转，成右独立步；同时，右拳逆缠变掌，走里右下弧线向右胯外侧下转，手心侧向右后下斜角，手指斜向左前方，左拳也变掌先顺后逆，走里上弧线向头顶百会穴上转，手心侧向左上斜角，手指侧向右上斜角。（图3-202）

图3-202

作用：右手下按，左手上托，兼左膝打法。参照图3-197的作用，右手改左手，左手改右手，右膝改左膝。

要点：此势第五动作左手上托及左膝向上转时，裆劲不可随着上起。

六十、倒卷肱

式名考释：同前。

此式共有七个分解动作。

动作一：眼法不变；身右转，右腿变顺缠，屈膝塌劲，左膝变逆缠上提，步型不变；同时，左手变顺缠走外前下弧线向前下转，手心侧向右后上斜角，手指扬向左前上斜角，右手仍逆缠，继续向右后外转，手心侧向右后下斜角，手指指向左前下斜角。（图3–203）

作用：转掤法。假设有人趁我左手上托之时，用右拳攻我左前，我转下左手掤之。

动作二：眼法不变；身左转，双腿缠法左顺右逆，左腿向左后斜角退一肩半宽，同时右脚随身扣转成右侧马步；双手动作、作用均同图3–83。（图3–204）

图3–203

图3–204

动作三：重复一路二十一式动作二的眼、身、步、手的动作及作用。图略。

动作四：重复一路二十一式动作三的眼、身、步、手的动作及作用。图略。

动作五：重复一路二十一式动作四的眼、身、步、手的动作及作用。图略。

动作六：重复一路二十一式动作五的眼、身、步、手的动作及作用。图略。

动作七：重复一路二十一式动作六的眼、身、手的动作及作用。但此式的右步跟退半步，两脚相距一肩宽，成右侧马步。图略。

要点：此式第一步退的步幅比第一倒卷肱稍大。第三步也是斜着向左后斜角退，但是右腿要跟退半步。

六十一、左进步挤

式名考释：此名系说明拳势动作，新增。《陈式太极拳》书及各式太极拳均无此名。

此式共有两个分解动作。

动作一：眼转看左前方；身右转，双腿缠法变为左逆右顺，左腿屈膝塌劲，右腿提膝带右脚向左脚跟内收转，成倒“人”字步；同时，左手变逆缠，走外上弧线收转到胸前，手心侧向右后下斜角，手指扬向右前上斜角，右手仍顺缠，走外下弧线收合在左腕下侧，手心侧向左后上斜角，手指扬向左前上斜角。（图3-205）

图3-205

作用：并步掤法。对方为化我捋势，身变左转，欲解脱左手，以右手攻击我胸部。我随势退右步收右肘，并以右手缠其右腕。

动作二：眼法不变；身右转，双腿缠法不变，右腿屈膝塌劲，左腿向里斜勾左脚尖，用左脚跟里侧贴地向左前斜角进一大步，经左仆步再落左脚尖，弓膝变成左侧马步；同时，左手继续逆缠，走里左下弧线向左前方下转发劲，手心侧向左前下斜角，手指扬向右前上斜角，右手变逆缠，走里右下弧线向右胯旁下转，手心侧向右后下斜角，手指扬向左前上斜角。（图3-206）

图3-206

作用：左进步挤法。对方为化我掤势，欲用右手反拿我右腕。我随势用右手向右下引其右手，进左步，用左手下转挤击其裆腹部。

要点：第一动作收右腿时，裆劲不可上长，应随之下塌。

六十二、顺拦肘

式名考释：此系说明动作作用的。凡是肘法与步法同一方向的名为“顺拦”，“拦”是说明着法为截拦对方来力。“顺”是肘、步的劲路一致。陈氏老谱名为“顺窝肘”。

此式共有两个分解动作。

动作一：眼看右后方；身左转，胸向左前方，双腿缠法变为左顺右逆，左腿屈膝塌劲，右脚向左脚的右前斜角收转约一肩宽，成右前虚步；同时，左手变顺缠，收肘贴肋，走外上弧线收到胸前，手心侧向右后上斜角，手指扬向右前上斜角，右手变顺缠，亦收肘贴肋，走外上弧线收到胸前，置于左腕上，手心侧向左后上斜角，手指扬向左前上斜角。（图3-207）

作用：退步转身收掤法。

动作二：眼法不变；身右转，双腿缠法变为左逆右顺，右腿向前方滑进一步，左脚跟进半步约一肩半宽，成右侧马步；同时，右手变逆缠，走里下弧线，以肘尖向右击出，手心侧向左后下斜角，手指扬向左前上斜角，左手也变逆缠，走里左下弧线向左发劲，手心侧向右后下斜角，手指扬向右前上斜角。（图3-208）

图3-207

图3-208

作用：右进步肘挤法。我掤化对方后立即进右步跟左步，用右肘击其胸、肋。左肘外击配合平衡，也可击打左方之敌。

要点：此式发右肘时，应贴肋随身右转击出，肘尖最多向右肋外突出半寸许。

六十三、白鹤亮翅

式名考释：同前。

此式共有两个分解动作。

动作一：眼看右前方；身左转，胸略偏向左前斜角，双腿缠法变为左顺右逆，右膝向下松垂，左腿外摆左脚尖成左小盘步；同时，右手变顺缠，走外下弧线向胸前上转，手心侧向左后上斜角，手指扬向左前上斜角，左手逆缠走外上弧线，转到右手腕上侧，手心侧向右前下斜角，手指扬向右前上斜角。（图3–209）

图3–209

作用：双手转掤法。假设有人从我正前方用双手按我，我随势左转身，拧转双手掤化来势。

动作二：眼仍看右前方，最后转左前方；身右转，双腿缠法不变，右腿向右前方提膝进一大步，左脚走里前弧线进到右脚的左前方约一肩宽，成左前虚步；同时，左手变逆缠，走里左下弧线向左胯外下转，手心侧向左前下斜角，手指扬向右前上斜角，右手变逆缠，走外右上弧线，向右上斜角转出，手高齐眼，手心侧向右前下斜角，手指扬向左前上斜角。（图3–210）

图3–210

作用：右进步靠法。对方为化我掤势，用右手拿我右腕上採。我随势进右步跟左步，用右肩攻其胸部。左手配合平衡。

要点：此式是右进步靠右前方的敌人。手法包括：左转身双旋掤、右进步靠等法。此则手法，旋转只有尺许的小圈。

六十四、搂膝拗步

式名考释、要点、动作、作用均同前。图解从略。

六十五、闪通背

式名考释：同前。

此式共有六个分解动作。

动作一：眼法不变；身变右转，双腿缠法不变，右腿松裆弓膝成左侧马步；同时，右手仍顺缠，走外下弧线向胸前收转，手心侧向左后上斜角，手指扬向左前上斜角，左手仍顺缠，走里右下弧线，以大拇指外侧合在右肘关节外下侧，手心侧向右后下斜角，手指扬向右后上斜角。（图3–211）

图3–211

作用：右转掤法。假设有人从我右前方用双手按我右肘腕，我随势右转身，用右手掤化来势，左手回转合在他的左腕上方。

动作二：眼法不变；身变左转，胸向左前斜角，双腿缠法变为左顺右逆，左脚走里后弧线向后退一大步，右脚跟退半步到左脚的右前斜角约一肩宽，成右侧小马步；同时，右手仍顺缠，走外下弧线向胸前收转右肘，手高齐口，距口尺许，手心侧向左后上斜角，手指扬向右前上斜角，左手随右肘以指顺缠，紧贴右肘尖向胸前收转，手心侧向右后上斜角，手指垂向右前下斜角。（图3–212）

图3–212

作用：退步挒法。我用左手拿其左腕，把其左手封在我右肘外下侧，右手向前扬起，随身左转退左步跟右步成挒拿法。

动作三：眼法不变；身继续左转，双腿缠法不变，右脚掌贴地向前滑进一大步，左脚跟进半步约一肩半宽成右侧马步；同时，右手仍顺缠，变拳向正前方击出，拳心侧向左后上斜角，拳眼侧向右前上斜角，左手仍顺缠，走外左下弧线向心口前收转，手心侧向右后下斜角，手指垂向右前下斜角。（图3–213）

图3–213

作用： 右进步挤法（前手握拳可名为献果，掌法则名为吐信）。因对方被挒，欲调步调整姿势时，随进步，挤之。

动作四： 眼法不变；身右转，双腿缠法变为左逆右顺，右腿顺缠，屈膝塌劲，脚尖外摆，左腿逆缠，松裆沉膝，经右大盘步向正前方进一大步约两肩宽，成左侧马步；同时，右手逆缠变掌，随身的右转而合在左肩里侧，手心侧向左前下斜角，手指扬向左后上斜角，左手仍顺缠，走里下弧线向左膝里侧下转，掌心侧向右前上斜角，手指垂向左前下斜角。（图3-214）

图3-214

作用： 右採左挒法。对方为化我右手攻势，用右手按我右腕。我随势右转身进左步，用右手反拿其右腕向右採，左手托其裆部。

图3-215

动作五： 眼法不变，随身右转；身继续右转，右腿屈膝塌劲，左腿逆缠脚尖内扣，成内八字马步；同时，右手继续逆缠，沉肘向胸前下转，手心侧向左后下斜角，手指垂向左前下斜角，左手变逆缠，从裆前上转到左腮旁，手心侧向右前上斜角，手指扬向左后上斜角，如同拾起一个长形粮袋之状；当动作完成时，眼要向右略转过来。（图3-215）

作用： 参照图3-96的作用。

动作六：眼看左前方；身继续右转，双腿缠法不变，左腿屈膝塌劲，右腿以右脚尖划地，向左脚的右后斜角退步约两肩宽，落下脚跟，扣转左脚尖成左侧马步；同时，右手变顺缠，走右小下弧线向胸前下转，手心侧向左后上斜角，手指垂向左前下斜角，左手也变顺缠，走里左下弧线向裆前下转，手心侧向右前上斜角，手指垂向左前下斜角。（图3–216）

图3–216

作用：退步左臀、背靠法。对方为化我左手攻势，进右步于我臀后。我随势右转身，退右步，用右手引其右腕，左手制其右肘关节外上侧，以左臀、左肩靠其小腹及胸部，使其翻跌。

要点：此式跟前"闪通背"名同而练法不同，最后一动最易跟前式最后一动混同，应特别注意。此式第四动作的左手跟前式"闪通背"第六动作也应注意区别。

六十六、进步掩手肱捶

式名考释：同前，但因练法有进步动作，所以加"进步"二字，以便学者区别记忆。

此式共有四个分解动作。

动作一：眼看左前方；身左转，左腿顺缠塌劲，右腿逆缠，提膝跃进在左脚的左前方约一肩宽，落下右脚成盘步；同时，右手沉肘顺缠，向胸前收转，合在左腕外下方，手心侧向左后上斜角，手指扬向左前上斜角，左手先顺缠，走外上弧线转到齐胸，再变逆缠合在右手腕上侧，双手交叉成斜十字状，手心侧向右后下斜角，手指扬向右前上斜角。（图3–217）

作用：跃步进掤兼右踹法。假设有人从我左前方进右步拿我左腕拧转，我随势左转身，以左手掤化，并跃进右步用右脚踹其右膝里侧。

动作二：眼法不变；身右转，双腿缠法变为左逆右顺，右腿屈膝塌劲，左腿提膝，向右脚的左前斜角进一大步约两肩宽，屈膝塌劲成左侧马步；同时，右手变逆缠，走里右下弧线向右前斜角转出，高与胯平，手心侧向右后下斜角，手指扬向左前上斜角，左手变逆缠，走里左下弧线向左前方转出，高与腰平，手心侧向左前下斜角，手指扬向右前上斜角。（图3–218）

图3–217

图3–218

作用：进步左掤法。对方为化我攻势，用左手按我左腕。我随势右转身，收转左手掤化之，右手接应。

动作三、四：均重复图3–53、图3–54的动作，作用亦同。（图3–219、图3–220）

图3–219

图3–220

要点：此式第一动作右脚落地时应先用右脚尖着地，然后再落实右脚掌。

六十七、进退步拦擦衣

式名考释：同前，唯因步法先进后退，所以加“进退步”三字，以作区别。

此式共有三个分解动作。

动作一：眼看右前方；身左转，左腿顺缠屈膝塌劲，脚尖外摆，右腿逆缠，经左盘步提膝进在左脚的右侧成右前虚步；同时，右手顺缠，下塌外碾向内收转，手高齐口，手心侧向左后上斜角，手指扬向右前上斜角，左手逆缠，以肘为轴，向左后斜着下转，即变顺缠沉肘，经左腮旁向胸前收转，合在右臂弯里侧，手心侧向右后下斜角，手指扬向右前上斜角。（图3–221）

作用： 进步右掤法。假如有人从我右前，用右手按我右手，我随势左转身进右步，用右手掤化来势，左手做接应。

动作二： 眼法不变；身右转，双腿缠法变为左逆右顺，右脚前进落下，左脚跟进半步，成一肩宽的左后虚步；同时，右手变逆缠，走外右上弧线向右前上转，高齐颏下，手心侧向右前下斜角，手指扬向左前上斜角，左手变逆缠，随右手走右小上弧线，高齐心口，手心侧向右前下斜角，手指扬向右前上斜角。（图3-222）

图3-221

图3-222

作用： 进步右肘挤法。对方按劲偏右。我进右步，以右手肘挤之。

动作三： 眼法不变；身左转，双腿缠法变为右逆左顺，右腿屈膝塌劲，左腿以脚尖划地向左后方退一步，成右侧马步；双手动作参照图3-13。（图3-223）

作用： 退步以加强右手挤法。参照图3-13的作用。

图3-223

要点：此式第一动跟第二动衔接处的步法、手法不要停顿，要一气呵成。尤其是步法，右步不要停留，立即提膝进步。

六十八、单鞭

式名考释：同前。

此式共有四个分解动作。

动作一：眼法不变；身右转，胸向右前斜角，双腿缠法变为左逆右顺，左腿屈膝塌劲，右膝随身右转略提，成半马步；同时，右手仍顺缠，走外下弧线向右膝外侧下转，手高齐腰，肘贴右肋，手心侧向左后上斜角，手指扬向右前上斜角，左手变逆缠，走里右上弧线，肘贴左肋，掌根向右臂弯里侧转合，手心侧向右后下斜角，手指扬向右后上斜角。（图3–224）

图3–224

作用：右转肘挤法。假设有人从我右前方用右手反拿我右腕，左手制我右肘，拧我右臂。我随势右转身，用右手掤化来势，再用右肘挤其胸部，左手收回到右臂弯里侧做变式准备。

注：此式是1956年陈发科老师所讲单鞭用法之一，与平常所教有所不同。我回济后根据陈师讲解、试验之法，作了修改。此式衔接处系修改后的练法。

动作二：眼法不变；身左转，右腿顺缠屈膝塌劲，左腿逆缠，左脚向左后略外开，成右侧马步；同时，左手变顺缠，以腕、指走外左下弧线，从右臂弯下转到胸前，手心侧向右后上斜角，手指垂向右前下斜角，右手变逆缠沉肘，以腕、指走外右上弧线，向上转击变勾，勾尖侧向右后下斜角，勾眼侧向左后上斜角。（图3-225）

动作三、四： 均同图3-23～图3-24的动作及作用。动作三中眼随身从右前转视左前。

图3-225

六十九、下云手

式名考释： 同前，但加“下”字，以表次序，各书无此字样。

此式共有八个分解动作。

动作一、二、三： 均同图3-104～图3-106的动作及作用。

动作四、五、六、七、八： 动作四、六、八除步法是右腿从左腿前面（盖步）向前进步外，眼、身、手、作用均同一路五十五式“中云手”的动作及作用。（图3-226）

要点： 此式第四动作以右脚做盖步，左进时，应以右脚跟先着地，脚尖向左前斜角落下。因系第

图3-226

三个云手，按上、中、下的顺序名为下云手，但也可以用大身法走低架，以符合“下”的意义，如果这样做，右手的按法就形成了撩阴的作用。因系盖步的左进，即将右脚进在左脚的左前侧，眼法、手法虽仍如前，但身法向左转的较多，手法也偏左的多，右转的少，因敌变化。

七十、高探马

式名考释：取义同前。

此式共有四个分解动作。

动作一、二、三：眼、身、步、手、作用均同图3-109~图3-111。

动作四：眼法不变；身左转，腿部缠法变为左顺右逆，右腿屈膝塌劲，左脚以脚尖划地，向右脚的左后斜角收转，在落左脚跟的同时，右脚尖向里扣转，成一肩宽的左后虚步；同时，右手先逆缠即变顺缠，走外前上弧线，经右腮旁向右前方转出，高与肩齐，手心侧向左后上斜角，手指扬向右前上斜角，左手也变顺缠，走外下弧线，收肘贴肋，走到心口前，手心侧向右后上斜角，手指垂向右前下斜角。（图3-227、图3-227附图）

图3-227

图3-227附图

要点：左转时，眼应看右前方，右手亦向右前方，不可偏向胸前，过则丢劲。

七十一、十字摆莲脚

式名考释：象形。因双手交叉，在胸前摆成十字，而以右脚捭，故取此名，又名“风摆莲花”（在用法当中为横栓）。各式太极拳均同此名。

此式共六个分解动作。

动作一：眼法不变；身略左转一点，腿部缠法步型不变；同时，右手仍顺缠，走外下弧线，收沉右肘，手高齐颏下，手心侧向左后上斜角，手指扬向右前上斜角，左手顺缠，在心口前走里右上弧线，合在右臂弯里侧，手心侧向右后上斜角，手指扬向右前上斜角。（图3-228、图3-228附图）

图3-228

图3-228附图

作用：合掤法。有人从我右前方按我右肘，我以右肘收掤。

动作二：眼法不变；身右转，双腿缠法变为左逆右顺，右腿屈膝塌劲，脚尖外摆，左腿提膝走里左前弧线，经右脚里侧向左前斜角进一大步，成左仆步；同时，双手变逆缠。动作参照图3-157的动作。（图3-229）

作用：参照图3-157的作用。

动作三：完全重复图3-158的所有动作及作用，但步法是斜向的。（图3-230）

图3-229

图3-230

动作四：眼法不变；身左转，腿部缠法步型不变；手法动作参照图3-159的动作。

作用：小转掤法。有人从我右后方按我右肘，我沉肘掤之。

动作五：眼转看右侧；身右转，胸向右前斜角，双腿缠法变为左逆右顺，右腿屈膝塌劲，左脚尖内扣，成内八字马步；同时，右手变逆缠，走小外上弧线在原处旋转，手心侧向左后下斜角，手指扬向左前上斜角，左手配合右手同时走顺缠，走外上弧线向胸前收转，当手转到下颏时立变逆缠，合在右肘上侧，交叉呈横十字状，手心侧向右后下斜角，手指扬向右后上斜角。（图3–231）

作用：双手合掤法。假如有人用双手按我右肘向我胸前封按，我随势右转身，双手转回胸前，掤化来势。

动作六：眼随身转看右前方；身左转，双腿缠法变为左顺右逆，左腿屈膝塌劲，右腿提膝，以右脚先走里左下弧线再变外右上弧线向右摔击，成左独立步；同时，右手变顺缠在原处旋转，手心侧向左后上斜角，手指扬向左前上斜角，左手仍逆缠，走里左下弧线向左前转出，拍击右脚面发声，手心侧向左前下斜角，手指扬向右前上斜角。（图3–232）

图3–231

图3–232

作用：左手引进右脚摔法。假设有人从我右侧双手按攻我，我以左手引其左腕，右脚外侧摔击其胸肋部。

要点：最后两动作裆劲应松塌，千万不可起身上长，以免散开裆劲。

七十二、指裆捶

式名考释： 此式名系说明作用的，因最后一动的右拳是下攻裆法。陈氏新旧谱及各式太极拳均同此名。

此式共有三个分解动作。

动作一： 眼法不变；身右转，双腿缠法变为左逆右顺，左脚尖随身右转而扣转，右腿提膝向里合，右脚自然下垂，仍为左独立步；同时，双手握拳，右拳变顺缠，走外右上弧线向右胯外侧转出，拳心侧向左前上斜角，拳眼侧向右前上斜角，左拳先变顺缠向右收肘，再变逆缠，走外上弧线向左腮前收转，拳心侧向右前下斜角，拳眼侧向右后上斜角。（图3-233）

图3-233

作用： 转身下捌法。我捋法被化，立变右转身，用右手引拿其右腕，左手配合保持平衡。

动作二： 眼法不变；身继续右转，双腿缠法不变，右脚震落在左脚的右后侧，屈膝塌劲，左脚向左前斜角以脚跟里侧贴地开一大步，落步弓膝成左侧马步；同时，右拳变逆缠，向右后外斜角转出，拳心侧向右后下斜角，拳眼侧向左后上斜角，左拳变顺缠，走外下弧线向胸前收转，拳心侧向右后上斜角，拳眼侧向左前上斜角。（图3-234、图3-234附图）

作用： 右后引，左前挤法。

动作三：眼法不变；身左转，腿部缠法变为左顺右逆，左腿屈膝塌劲，右膝松垂成左弓步；同时，左手变掌仍顺缠，走外下弧线收到胸前，手心侧向右后上斜角，手指垂向右前下斜角，右手松肩沉肘，以肘为轴，收转到右腿旁，再变逆缠，走里下弧线向右前下击，拳心侧向左后下斜角，拳眼侧向左后上斜角。（图3-235、图3-236）

图3-234

图3-234附图

图3-235

图3-236

作用：左引右击法。与击地捶同样均以攻裆为主，不可轻试。

要点：此式最后击拳是右前方的下斜角，较击地捶小些。

七十三、猿猴献果

式名考释：此式名系象形的，因最后一动的右拳向前转出，高与口齐，所以名为献果。取猿猴为名，是取动作灵敏。《陈式太极拳》名为“白猿献果”，陈鑫旧谱名为“青龙出水”，练法与此不同。各式太极拳无此式名。

此式只有一个动作。

动作一：眼法不变；身继续左转，双腿缠法不变，左腿屈膝塌劲，略向左摆脚尖，右脚进到左脚的右前方约一肩宽，成右前虚步；同时，右拳继续逆缠再变顺缠，走外上弧线，肘尖向胸前收转，拳高齐口，距口尺许，拳心侧向左后上斜角，拳眼侧向右前上斜角，左手仍顺自转缠收在胸前，手心侧向右后上斜角，手指垂向右前下斜角。（图3–237）

图3–237

作用：左引右上击法。假设有人从我右前方用右手引我右腕，我身左转上右步，用右手攻击其口部，左手为辅。

要点：此式的右步不可进得太大。右拳前击不可过长，右肘应沉下。

七十四、六封四闭

图3-238

式名考释： 同前。

此式只有一个动作。步法同双推手最后一个动作。眼、身、手、作用完全同六封四闭最后一个动作。全部动作、作用、要点、图解从略。（图3-238）

七十五、单鞭

式名考释、动作、用法、要点完全同第一单鞭。

七十六、穿地龙

式名考释： 此名系象形的。《陈式太极拳》书，名“雀地龙”；陈氏老谱名“铺地鸡”，乃败中取胜法，又名“铺地锦”。今取“穿地龙”之意，故名。

此式共有两个分解动作。

动作一： 眼看左前方；身左转，胸向左前斜角，双腿缠法变为左顺右逆，左腿屈膝塌劲，右膝略向下垂，成左半马步；同时，左手顺缠握拳，走外上弧线向胸前收转，拳心侧向右后上斜角，拳眼侧向左前上斜角，右手顺

缠握拳，走外下弧线向左腕下收转，拳心侧向左后上斜角，拳眼侧向右前上斜角。（图3-239）

作用：左手收掤右手蓄劲法。假设有人从我左前方用双手按我左腕，我随势左转身，用左手收掤，右手下转，从我左腕下找其右腕。

动作二：眼法不变；身右转，右腿顺缠，脚尖外摆，屈膝塌劲下坐，左腿逆缠放足膝部，使小腿肚贴地，将脚尖贴地向内勾起来，成左仆步；双手动作参照图3-194。（图3-240）

图3-239

图3-240

作用：右臀靠法。虽同跌岔第二动作的形式，但系破解背后有人搂腰之法。我身右转，下塌臀部压其膝部。

要点：此式与跌岔不同之处，在于右腿不贴地，右膝弓往，不向左前倾。

七十七、上步骑鲸

式名考释：象形，取名重在上步；骑鲸系与下一式跨虎之名相对成趣，同是象形而又说明进退方向的。陈氏老谱名为“上步七星”，各式太极拳亦同。

此式共有两个分解动作。

动作一：眼法不变；身左转，双腿左顺右逆，左腿屈膝塌劲，右腿提膝带脚走里前弧线，落在左脚的右前斜角成右前虚步；同时，左拳变顺缠，走外上弧线向胸前收转，拳心侧向右后上斜角，拳眼侧向左前上斜角，右拳变顺缠，走外下弧线向胸前收转，合在左腕下侧，两腕交叉，拳心侧向左后上斜角，拳眼侧向右前上斜角。（图3–241）

作用：进步抱缠法。此处也可以变拳为掌。

动作二：眼法不变；身略右转（裆部转），双腿左逆右顺，步法不变，暗换裆劲；同时，双手变掌，左手变逆缠，从右腕下向外旋转，转到手心侧向右前下斜角，手指扬向右前上斜角，右手也变逆缠，以腕为轴贴左腕旋转，手心侧向左前下斜角，手指扬向左前上斜角。（图3–242）

图3–241

图3–242

作用：抱缠变挒法。我双手抱缠其左腕，因对方加右手于我手上，向我怀里拧转，我随势右转身，双手向下外转，挒拿其右手。

要点：这是捣碓的最后手法的变化，身虽左右两转，手仍在心口前转动，不可偏。

七十八、退步跨虎

式名考释：象形。陈氏老谱为“下步胯虎”。与前式“上步七星”有上下之列，俗称“退步跨虎”，我亦名同。

此式共有四个分解动作。

动作一：眼看正前方；身左转，双腿缠法变为左顺右逆，步法不变，暗换裆劲；同时，双手变顺缠向脐前下按，两腕仍交叉，手心都向脐部，两手中指交叉垂向左前、右前下斜角。（图3-243）

作用：双手下转掤法。假设对面有人用双手交叉拿我双手，向我身的下方封按。我身左转（小腹转得多些），双手随势同时下转，按在自己的脐上，自能解化。但要注意必须按在脐的正中，不可偏左，偏则重心将被牵动。眼必须注视对方，脚部要稳，不可动摇。

动作二：眼法不变；身右转，双腿缠法变为左逆右顺，左腿屈膝塌劲，右腿以右脚尖划地向后退一大步，落右脚时左脚尖同时内扣，弓膝成左侧马步；同时，双手加大顺缠外翻，两腕仍相贴，变左腕在下、右腕在上而退步，左手心侧向右后上斜角，手指扬向右前上斜角，右手心侧向左后上斜角，手指扬向左前上斜角。（图3-244）

图3-243

图3-244

作用：退步转掤法。对方欲向左转，进右步封我。我随势右转身退右步，掤化来势。

动作三：眼看左前方（实则未变方向）；身继续右转，腿部仍右顺左逆，步法不变，而加大裆部的松沉之劲；同时，左手变逆缠向左后下开出，高与胯齐，手心侧向左后上斜角，手指侧向左后下斜角，右手变逆缠向右前上开，高与胸平，掌心侧向右后下斜角，手指侧向右前下斜角。但应注意，此式双手均走老逆缠，臂部要形成麻花劲之状，不可直了，从外表看来，肘部是略高起，只要肩松到十分，手指不丢劲，则肘部仍可保持螺旋，而不是亮肘。（图3–245）

作用：右挒左挤法。对方进步掤我右手。我随势右转身，用右手挒其右腕，左手挤其肋部。

动作四：眼法不变；身右转，双腿缠法变为左逆右顺，右腿弓膝塌劲，左腿以脚掌贴地向右脚的左前斜角收转约一肩宽，成左前虚步；同时，双手变顺缠，左手走外下弧线向胸前收转，手心侧向右后上斜角，手指扬向右前上斜角，右手走外上弧线收转到右腮旁，手心侧向左后上斜角，手指扬向右前上斜角。（图3–246）

作用：撤左步左掤法。对方如已调过右步前进于我裆中，我以左脚内收引带其右脚，而以左手从其右臂下斜穿过来，手指对其胸部，并以右手拿其右腕外侧，向左合劲，以掤之。

图3–245

图3–246

要点： 第二动的双手翻转要贴身随腰旋转，双手不要离开身体单独旋转。

七十九、转身摆莲脚

式名考释： 取义同前。加"转身"二字，以区别动作。《陈式太极拳》书名同。《世传陈氏太极拳》书无"转身"二字。

此式共有五个分解动作。

动作一： 眼看左前方；身右转，从前方转到后方约180°，双腿缠法变为左逆右顺，右脚以脚跟为轴外摆脚尖，屈膝塌劲，左脚提膝，向右脚的左前斜角约一肩宽落下，弓膝成左前虚步；同时，右手变逆缠，走外右上弧线向右前斜角上转，手心侧向右前下斜角，手指扬向左前上斜角，左手变逆缠，走里左下弧线向左胯里侧下转，手心侧向左前下斜角，手指扬向右前上斜角。（图3-247~图3-248附图）

图3-247

图3-248

图3-248附图

作用：右转身进左步右採左按法。有人从我右后方按我右臂，劲向我右偏。我右转身进左步，以右手採之，左手按其胸肋部。

动作二：眼、身、手、作用均同图3-25。步法变为左侧马步。图从略。

动作三：眼、身、手、作用均同图3-26。右腿顺缠屈膝塌劲，左腿逆缠以左脚跟里侧贴地，脚尖勾起向左前斜角进一大步，成左扑步。图从略。

动作四、五：完全同图3-191、图3-192的所有动作及作用，只是拳路的走向不同。（图3-249~图3-250附图）

要点：参照图3-191、图3-192。

图3-249

图3-249附图

图3-250

图3-250附图

八十、当门炮

式名考释：象形。双拳在胸前看守门户，如同门前摆着大炮似的。陈氏老谱名“当头炮”，杨式改名为“弯弓射虎”，我亦名为“当门炮”。

此式共有两个分解动作。

动作一：眼法不变；身右转，胸向右前斜角，双腿缠法变左逆右顺，右腿在空中向右后方退约两肩宽落下右脚，左脚尖勾起，成左扑步；同时，右手顺缠握拳，向胸前收转，拳心侧向左后上斜角，拳眼侧向右前上斜角，左手亦顺缠握拳，松肩沉肘，走外下弧线收转到胸前，拳心侧向右后上斜角，拳眼侧向左前上斜角。（图3–251、图3–251附图）

图3–251

图3–251附图

作用：退步右捋法。我捭击右后敌人，左前方又有人从我左方进攻我胸部，我以右手缠腕，左手下塌外碾捋之。

动作二：眼法不变；身左转，胸向左前斜角，双腿缠法变为左顺右逆，左脚踏下，成左半马步；同时，双拳变逆缠原地自转，左拳高齐颏下，拳心侧向右前下斜角，拳眼侧向右后上斜角，右拳高与胸齐，拳心侧向左后下斜角，拳眼侧向左后上斜角。（图3-252）

图3-252

作用：左转双挤法。

要点：此式第二动作步法，要左膝只弓一点，成半马步，因上式对方的右步进在我的左腿里侧，所以不可走成马步。手法凡是挤势都收肘不收手，发劲则出手不出肘。

八十一、左转身搗碓

式名考释：同前。陈式老练法，以当门炮为结束，原意文像起，而以武像终。如果把一路和二路连续练，收势方向是一致的。今因单练一路，加"左转身"三字，是为了将收势的方向转为起势的原方向。故此说明。

陈鑫所著《陈氏太极拳图说》末式为当门炮。实则我从陈发科师学拳时即有最后一个金刚搗碓，不过，没有收式和起式之名。一路第四个搗碓，我初学时，收式方向是与起式相反的，1956年我在山东省武术选拔赛结束时，应群众要求表演，我感到面对主席台开始，背着收式于礼不合，便加了个转身动作，调整过来，后遂成例。在此说明改变的原因，证明并非师传。

此式共有五个分解动作。

动作一： 眼法不变；身右转，双腿缠法变为左逆右顺，右腿屈膝塌劲，左腿以脚掌贴地收到右脚的左前斜角约一肩宽，成左前虚步；双手变掌，动作参照图3-4的双手动作。（图3-253、图3-253附图）

图3-253

图3-253附图

作用： 退左步右採法。假设从上式对方化开挤法，又身向左转，进右步以右手来攻。我随势右转，收转左步，以双手向右採之。略同第一捣碓第三动作，但手法较小。

动作二： 眼法不变；身左转，双腿缠法变为左顺右逆；右腿仍屈膝塌劲，左腿提膝外摆脚尖，落在右脚左侧成一肩宽的盘步；双手动作参照图3-5的双手动作。（图3-254）

图3-254

作用：左转身盘进左步的左挤右按法。对方欲松肩沉肘，向右转身，调进左步，以左手进攻。当他正将右脚外摆，左脚尚未调过之际，我随势左转，以左脚贴其右脚里侧，以外摆拨其外摆，并以左手挤其右手按法应之。

动作三：眼随身转看正前；身继续左转，胸向正前方，左腿仍顺缠，屈膝塌劲，脚尖外摆，右腿仍逆缠，走外前弧线，向左脚的右前斜角扫转落下成右前虚步；同时，左手变逆缠，走外下弧线在胸前向正前旋转，手心侧向右前下斜角，手指扬向右后上斜角，右手变顺缠，走外下弧线，向左腕下旋转，手心侧向左后上斜角，手指扬向左前上斜角。同图3-6。

作用：抱缠法。但右脚走外前弧线，是为了对方刚刚调进左脚，我以右脚向前扫其脚跟。

动作四、五：眼、身、步、手、作用均同第一金刚倒碓第六、第七动作。（图3-255、图3-256）

图3-255

图3-256

收式

两手自然垂于两胯旁，如预备式。图同预备式。

第四章　洪式太极拳一路功用歌诀

一、捣碓

捣碓着法变无穷，掤採挤按基本功。
马弓盘虚步十变，顺逆缠丝如游龙。

二、拦擦衣、六封四闭

拦擦衣先右下掤，右採左按进靠攻。
六封四闭向左捋，跟步双按闭中封。

三、单鞭、左转身捣碓

单鞭右挤左进靠，左转捣碓先引掤。
转身化拿兼膝打，抱缠震脚势沉雄。

四、白鹤亮翅、搂膝拗步

亮翅右退右斜採，左手下按防人攻。
搂膝拗步右引掤，左步斜进捋挤成。

五、初收、斜行拗步

初收本是退掤法，斜行化拿左踹蹬。
进步挒掤兼右膝，三进左肩侧靠攻。

六、再收、前蹚拗步

再收进挤转退捋，前蹚先引双挤胸。
再进平挒三肘封，先左后右步分清。

七、掩手捶、右转捣碓

掩手肱捶先左挤，再变左引右击胸。
前发后塌劲要松，发劲都在一转中。
右转捣碓右侧掤，转身右採小而灵。
右手右脚同收转，挒中带扫着法精。

八、十字手、庇身捶

十字手开右下挤，手合步开右靠成。
庇身捶先左转掤，右肩靠法在转中。
因敌变化用肘挤，左引右拨腰裆功。

九、背折靠、下掩手捶、双推手、三换掌

背折靠左右引击，下掩手捶向裆冲。

转捋进按双推手，三换掌是活桩功。

十、肘底捶、倒卷肱

肘底捶为守门户，以静待动观敌情。
左右退挒倒卷肱，最后一步退捋成。

十一、白鹤亮翅、搂膝拗步

亮翅搂膝又重演，作用略与前者同。

十二、闪通背

闪通背先右退捋，转身左捋因敌攻。
右转拗步进左脚，右挤再转採靠成。

十三、进步掩手捶、拦擦衣、六封四闭、单鞭

掩手打捶进顺步，擦衣手步进退灵。
六封四闭与单鞭，复习着法与前同。

十四、上云手、高探马

云手左进靠肘採，右手兼用按护胸。
高探马先左转搠，左右开合练裆功。
右发劲如拗拦肘，左肘背折引化精。

十五、右插脚、左插脚

右插脚左捋右踢，左脚带扫妙而灵。
右转落步变双挤，左膝与脚裆中攻。

十六、左转身蹬脚、前蹚拗步

紧接左转左脚蹬，前蹚拗步复习同。

十七、击地捶、二起脚

击地捶打兼变抓，二起先求滑跌功。
右转变靠兼肘捌，右脚收转绞柱龙。
右引左踢变左引，右脚踢起跃当空。

十八、护心拳、旋风脚

护心拳先斜退掤，右进靠肘平捌成。
双手拧转右脚扫，左腿侧起如旋风。

十九、右转蹬脚、掩手捶

右转右掤变左挤，手脚回收右拿蹬。
掩手捶先左右引，落步进击要从容。

二十、小擒打

小擒打先沉右肘，右脚转进上步掤。
右手採拿左手按，左脚再进挤按成。

二十一、抱头推山、三换掌

抱头推山右倒掤，右转靠肘变化中。
左手护面兼挤法，转撤右脚绞带精。
双手下开右下挤，左转进步锁腕攻。
落步双按推山倒，三换掌练左腿功。

二十二、单鞭、前招、后招

单鞭右按兼左靠，前招后招小而灵。
前招收步用靠攻，后招步定转手掤。

二十三、野马分鬃

野马分鬃左转进，双手开合步放松。
因敌而变右转靠，左转前进手挤胸。
再右转退双引掤，左转发劲快如风。

二十四、左转身六封四闭、单鞭

劲发再略向右转，掤住左转变闭封。

闭后左转进步捋，即变双按跟步封。
再做单鞭与前同，左进靠法莫嫌重。

二十五、退步双震脚、穿梭

双震脚先右倒掤，两手护胸再退掤。
继续旋退三拗步，双脚跃起右膝攻。
落步震脚右进按，再变左按右採成。
左脚跃起右再进，形如穿梭莫留停。

二十六、拦擦衣、六封四闭、单鞭

落步右採左下按，进步收肘右靠成。
形同擦衣接封闭，单鞭着法与前同。

二十七、中云手、摆莲脚

中云手系偷步进，摆莲左引并捭胸。

二十八、跌岔、左独立

跌岔右引左脚蹬，贴地左转左拳冲。
再变左挒右手托，同时右膝攻裆中。

二十九、右独立、倒卷肱

左独立后右脚落，双手护裆仍下掤。

左转双手随人引，左手捋挒上托精。
肱再倒转退步大，挒捋手法与前同。

三十、左转身进步挤、顺拦肘

转身调步左进挤，顺拦肘法右转冲。

三十一、白鹤亮翅、搂膝拗步

左转右进右肩靠，亮翅搂膝又一重。

三十二、闪通背

第二闪通背右转，左手抱肘先平掤。
左转退步变挒拿，双足同进右手攻。
右转左进按兼採，再转退步背靠成。

三十三、进步掩手捶、拦擦衣

掩手捶变盖步进，跃进引打快如风。
拦擦衣步进又退，进挤退肘妙趣生。

三十四、单鞭、下云手、高探马

单鞭马步先右转，右肘左转挒而掤。
下云手变盖步走，高探马变左挒形。

三十五、十字摆莲

十字摆莲双手合，左右夹攻被人封。
右拿彼腕左手冲，右脚右摆对人胸。

三十六、指裆捶、猿猴献果、六封四闭、单鞭

指裆右拳向下打，猿猴献果转身掤。
六封四闭进步按，单鞭着法与前同。

三十七、穿地龙、上步骑鲸、退步跨虎

左手被拿右合引，贴地前进如龙行。
上步骑鲸练腕法，退步跨虎双下掤。
右退双手变化拿，急收左步手上掤。

三十八、转身摆莲、当门炮

转身摆莲仍调步，方向变化因敌情。
当门炮先右退捋，向左小转挤法精。

三十九、左转捣碓

左转捣碓先右採，左转左挤右按成。
右足兼作小扫法，握拳下捣一路终。

第五章　太极拳式名考释、动作着法要领研究

一、金刚捣碓类

1. 金刚捣碓式名考释

拳式命名，主要为了便于记忆。而所取名字，亦各有意义，大概不外以下几种规律，即象形的、说明动作的、说明作用的。

金刚捣碓取义为象形之类。式中最末一动作以左手仰作石臼，右手握拳下捣，如古代农家舂米之状，使人顾名思义，学后难忘。至于金刚，原系佛门护法力士，加此二字，使名字美化，更便记忆，亦可证张三丰创造太极的说法不实。因道家创拳，决不能用佛语为名。其他太极均无此名。

要领：陈式一路共四个金刚捣碓，而动作不同。

2. 左转身捣碓式名考释

与第一捣碓同。但我加“左转身”字样，以别方向，各式太极均无此名。

要领：此式与前式不同之处，从式的结构观察便可看出。前者是从两手下垂、两足并立的合式变开式，又变为合式的。此式则系从手足同开的单鞭变为合式的。前式系正面接手，对方的手、步均在我手、步里侧。此式则系对方从我左手外侧进攻，手足始终在我左外方的。

3. 右转身金刚捣碓式名考释

取义同前。我加“右转身”三字以别方向，其他陈式均无此名。

4. 左转身进步金刚捣碓式名考释

取名意义同前。我加“左转身”以别动作方向，其他陈式太极拳书无此名。

5. 二路第二捣碓式名考释

式名取义同前。金刚捣碓是陈式太极拳套路中的母式。许多式子都是从此式变化而来。所以，一路有四个捣碓，二路有三个捣碓。一路的四个捣碓同名，而作用不同，练法各异。二路的第一个捣碓完全同一路首式。二、三两个系从径拦直入转变的，又与一路不同，因取今名。陈式各书亦无此名。不过顾留馨同志曾介绍陈家原无金刚捣碓，后方加上。陈鑫所著《太极拳图说》末式为当门炮；陈小旺著《世传陈式太极拳》前言中说：“鉴于二路结束突然，故增加了金刚捣碓和收式两个式子。”实则我从陈发科师学拳时即有最后一个金刚捣碓，不过没有收式和起式之名。一路第四个捣碓，我初学时，收式方向是与起式相反的，1956年我在山东省武术选拔赛结束时，应群众要求表演，我感到面对主席台开始，背着收式于礼不合，便加了个转身动作，调整过来，后遂成例。在此说明改变的原因，证明并非师传。

6. 上步骑鲸式名考释

这也是象形的式名。重在上步二字，说明动作是上步的。骑鲸二字只是美的艺术加工，它和退步跨虎是相对的。

《陈式太极拳》及各式太极都名“上步七星”。解释七星的意义为：头及两肩、两手、两足共为七点又似七星。我认为这样的解释不够恰当，因为人的生理天然如此，难道说其他各式就没有头和两肩、手、足？这个式子是从金刚捣碓发展而来的二动作手的变化，岂不与捣碓一样？怎么不叫七星捣碓？

要领：此式共两个动作。学者但须注意，两肘必贴肋而转，不可离开，手腕要灵活，掌指亦须有力。应知太极拳的拳理是对立统一的，力与巧也是对立统一的，一力降十会、一巧破千斤这两句都是符合事实的，两方的力巧相等则成和局。力大而巧善的则力大者胜，力如相等则谁巧谁胜。过去不少有关太极书刊过分强调“用意不用力”，或者把意说得神乎其神，不符科学道理。比方我们造机器离不开钢铁，钢铁坚硬，便等于人身的力，但不是钢铁造成机器零件，仍等于无用。因此我认为练武术者力是第一条件，学拳式则等于造零件，零件要造得合乎规格，安装得还要松紧合度，开动起来，方能发挥效用，陈式太极等于比较精密的机器，必须每式甚至每一动作都要细心地学，学到一丝不差，运用起来，尽管十分灵活，千变万化，仍然不失规矩，而处处不离缠丝劲，方能在不败之中取胜。陈发科师一贯教导我们：首先要学得正确，其次要熟练，最后还要练细，讲明，常作试验，功夫不但明了于心中，更重要的是练到全身。所以陈鑫先生说：“周身上下都是拳，挨着何处何处击。”又说：“出奇在转关。”例如上面这一个小动作的转关就非常重要，而功效又是出奇，它使人在看不见而又不觉之中，反败为胜。

我们学武有两条门径。一是向明师学套路，二是从武林名著中学理论。但学者还要善于择师和细心以唯物态度领悟文字，求师要求明，而非局限于名，因为明师不一定有名，名师也可能不一定真明武术，所说浪得虚名者大有人在。我们对所谓“名人”暂且不谈，只就文字来讲，例如：王宗岳著《太极拳论》确是言简意赅，适当行语，许多太极拳著作、研练者莫不奉为典范。但有不少人对所提“双重之病”认识不清；对如何“懂劲”亦多舍近求远，而只说学太极拳不学推手，便不能懂劲。学拳应当如学打乒乓球从严、从难、从实战出发。所以陈鑫说：练拳时无人若有人，对敌时有人若无人。只有平时在战术上重视敌人，方能在战略上藐视敌人，这和知己知彼，方能百战不殆的兵法是一个道理、方法。我从陈式太极松的学习、试验中逐渐体会到，懂劲是从运动的方向和时间准确方面注意。对“左重则左虚，右重则右杳”的意义不从本身的手足虚实配合着眼，而解为：对方左手实，则我左手虚，右手实，则右手虚，假使对方用右手按我右手，左手按我左手，又当如何？还有人因拳论有“显非力胜，快何能为”之句，不知原意是指先天自然之能，希望人从学而进步，便强调以意代力，甚至说“以慢胜快”，把科学的太极拳蜕化成唯心学说，岂不可笑，而又可怕？

太极十三势中掤、捋、挤、按、採、挒、肘、靠原是讲的手法，前进、后退主要是讲步法，左顾、右盼专指眼法，中定主要在于身法。有人解释：左为顾，右为盼，未免太笼统了。假使学者问为什么左必须为顾，右必须为盼？恐怕就难以说明。不过还没离开眼法，错误不大。近见某武术刊物登载某“武术权威者”讲推手，把进退顾盼说为步法规律，不知足上是否有眼，无眼则与顾盼何干？

我们学技术，或写文字，总不免有粗枝大叶之处，前辈亦不免有之。如眼法本是先锋作用，指挥全身因地变化。陈鑫先生也误说“眼随手运”。在文字方面如开明书店印行的《陈氏太极拳图说》中“拳经谱”将“质而弥坚”的“坚”字误为“质而弥先”的“先”字，“上引下打”的“引”字误为“上行下打”的“行”字，“究研”二字排颠倒为“研究”就与韵不合。下面“突如其来，人莫知其所以然，只觉如风，吹倒跌翻，绝妙灵境，难以言传”，《陈式太极拳》引这段文字，不但未将错字纠正，标点断句又误为“只觉如风吹倒，跌翻绝妙，灵境难以言传”。该书不能纠正错字，却大胆地依照戚继光《拳经》式名，改掉陈式原来式名，如“揽擦衣”改为“懒扎衣”，“穿地龙”改为“雀地龙”，如此厚古薄今，我不赞成，可怪者不光陈沟老人及陈发科师老弟子们不以为怪，反而盲从。当然这是学拳水平和文化水平有关的。

这里讲得是否太远了，离开了原题？不过我认为题虽以式名考释为主，既有“杂谈”二字，也不妨杂谈杂谈，使学陈式者加以研究。

7. 抱头推山式名考释

此式说明动作。陈鑫先生解为：有人从我背后突然袭来（此式系从小擒打末一动作转变的），来势既猛，用意不善，我必须转身应敌。转身时为防击面部，故须抱头。转身后对强敌不应软弱，纵使他是座山，也应以全力将他推倒。

陈式书中式名相同。他式除吴式保留推山字样，却用抱虎二字。杨式等式则名抱虎归山。杨式学者亦有人怀疑无人有如许大力抱起虎来，疑为豹虎归山。

二、拦擦衣类

1. 拦擦衣式名考释

此式是说明作用的。陈鑫原名揽擦衣。我因它的着法是从右外侧接手，截拦来劲的着法，发劲迅速轻灵，擦衣而发，不是将对方揽在怀中的，因改为今名。

要领：当年我学此式时，系左手按于左腰，现在习陈式者，左手多合在腹部左侧，我改为合在心口前。

《陈式太极拳》书中，以戚继光拳经为据，妄改陈式原名为懒扎衣，于理不合。而且戚氏图像为右手高举，眼向左视，左手撩衣于后，与陈式毫无共同之处，故不采用。其他太极拳书，除孙式采用此名，《世传陈式太极拳》也采用懒扎衣外，杨、吴等式均名揽雀尾。系口传音讹，今已纠正。

陈式一路共四个拦擦衣式，二路只有一个。一路四个式中，退进步拦擦衣及进退步拦擦衣二式系我编的不同着法。下面再详加介绍。

2. 退进步拦擦衣式名考释

取名义同。但此式系我于1956年所编，以避重复。各式太极拳均无此练法。

3. 第三拦擦衣

这是一路玉女穿梭后的式子。式名取义同前，只是第一动作系开半步。我加上“第三”字样，以别次序，他式无此二字。

要领：眼、身、手法均同第一拦擦衣第三、四、五动作，作用亦同。只是步法向右进时，仅开半步。

4. 进退步拦擦衣式名考释

同前。但此式亦系我于1956年新编，加“进退步” 以示别于 “退进步”。其他拳书均无此名。

三、六封四闭类

1. 六封四闭式名考释

此式是说明作用的。封是封制对方的着法，使之无隙进攻；闭是关闭自己的门户，做到防守紧严。六封四闭就是既要保全自己，又在严防对方之际便于进攻。当然这种要求，不只限于这一个式子。在陈式各种着法中，都含有这两层意义和作用。

各陈式太极拳书都有此名。唯陈鑫所著《太极拳图说》无此式名。但曾说搂膝拗步亦可名六封四闭。一个手足斜开的大敞门式子，反以封闭为名，意更深远。各式太极拳书有“如封似闭”式名，与此式毫不相同。

陈式一路有六个六封四闭，二路只有一个。我把一路第二个三换掌下面的及进退步拦擦衣下面的两个六封四闭式减去，直接变为单鞭以避重复，而变新的转换方法。陈式各书均不如此。

要领：此式在以掤为核心，主要着法为捋后转掤变按，如三换掌、当门炮及二路的拳炮捶、回头当门炮、玉女穿梭等均以捋按为主，而变化不同，因附于此类。

陈发科师教此式时总说，左手贴腰向里缠，右手松肩沉肘下塌外碾，而且捋的姿势是用右腕掌之间搭在对方的左肘关节外上侧。说必须这样方能有四两拨千斤中“拨”的作用。从来不许以右手托对方的左肘，认为手总托不动对方肘部下沉的劲。但如今一般习陈式推手却都左手逆缠，高齐左眼，而且以右手托对方的左肘，不知从何学来？

2. 左转身进步六封四闭式名考释

取义同前。我加“左转身”三字以别方向。各陈式书均无此名。

3. 第六六封四闭式名考释

取义同前。

要领：此式只有一个动作。眼法向右前，身法右转，步法左后虚步，手法双右按。此式系从一路猿猴献果变来。动作、作用均同前式末一动作，今不复述。

4. 当门炮式名考释

此式是说明作用的。双手向前方发劲，故名当门炮。这是一捋、一挤按的动作，与六封四闭同类。但是从转身摆莲而变的，是退步右捋变挤按法。

要领：凡捋法要注意前手是收肘不收手，也就是以肘化劲而退，手在退中有进。证明太极拳的“收即是放”是怎样表现出来的。

5. 二路左回头当门炮式名考释

与上式同。我加“左”字以区别方向。因此式系从左变式打桩所变。变式打桩的步法是向左前跃进的，变式时须向右转过身、步，而眼法向左，所以名为回头。

6. 右回头当门炮式名考释

同上式。但因以右方为主，因加“右”字，区别方向。陈式各书均无左、右字样。

7. 二路玉女穿梭式名考释

此式是象形的。一路已有一个同名的式子，但二者形象不同。一路的穿梭是跃进左步，右足跟进，以身步法的跳跃表现穿梭形象。此式则以手法的左右反复旋转表现穿梭形象。陈式各书式名均同。杨、吴等式太极拳却是走四个斜角的动作。但杨式简单，而吴式较为复杂。

要领：它是六封四闭第四、五两动作的活步，与当门炮不同者是彼则握拳，此则用掌。

8. 左拳炮捶式名考释

此式是说明作用的。虽然也是一捋、一挤按的式子，却发掌迅猛。凡是发劲刚速的，均以炮为名。《陈式太极拳》书以此式为左冲。

9. 右拳炮捶式名考释

取义同前。我加以“右“字，以别方向。各陈式拳书无此名。

要领：此式系上式反过来练的。学者可从上式体会其左右相反之处，兹不复述。

10. 一路双推手式名考释

这个式名是说明动作的。因最后的动作是双手右按法。各陈式书同名。各式太极拳无之。

要领：此式系六封四闭的发展变化。它的动作与六封四闭的眼、身、手法完全相同，只是步子因身法大了一倍，所以也变为右步前进而左步跟随。学者试作比较，便可知手的按法也略有变化，即前者劲发的近，此则劲发的远。

四、单鞭类

1. 单鞭式名考释

此式也是象形的。因为式子完成时两手左右展开，如同横担一条鞭似的。一路有七个单鞭，二路只有一个。陈鑫在所著书中说“左转身蹬脚一式也称为中单鞭”，今已无人知晓。各式太极拳名均相同，唯陈式曾有“丹变”之称，当系音讹、字误。

要领：但一路七个单鞭中的第三、第六两个单鞭，经我将练法改变成为四个动作。此式系从右前方转至左前方，应付两面对手的着法。我所改的也是如此。

2. 第三单鞭式名考释

取义同前。

我加“第三”字样，以区别此式与其他单鞭不同，因此式系我根据第二个三换掌后的变化而创造。

3. 第六单鞭式名考释

取义同前。此式系陈师在我初学拳时所讲解、试验的单鞭前两动作手法。因记录于套路中。

要领：这个动作是我问陈师单鞭前两动作两手交替旋转的作用时，而做此示范的。当时我因初学三年许，未能理解，反以问彼答此为疑，认为答非所问。1956年，我从北京向陈师请教复习返济后，已将陈师其中讲解各式编入套路，因忆起此式，因亦编入，以免遗忘。

五、白鹤亮翅类

1. 白鹤亮翅式名考释

此式也是象形的。取名重在“亮翅”二字，使人一见此名，便可领悟它是讲手部的开，而不是合，与腿足无关。陈鑫著作中本名“白鹅亮翅”。白鹅、白鹤都是象征性的字样，与动作无大关系。因各式太极拳均同此名，遂亦名“白鹤”。

要领：此式在一路中共有三个。式名虽同，而练法、作用不同。小擒打、玉女穿梭与二路风扫梅花同以左右手上下斜开为式，与此同类，因而附入。

此式眼法前两个系以左前方为主。身虽左、右两转，步法都是从小正马步而后退，成左前虚步的。手法是掤法变为右採左按。第三式是经我改编成为进右步由掤变靠，对方不是上两式位在左前，而是位于右前方，所以眼向右前，而身只左转一次。手部缠法配合，前两式均为双顺双逆。顾留馨等著《陈式太极拳》说明此式为了双顺变双逆是符合事实的。但在前面举例说为右顺左逆的缠法，显然是误与杨式混而为一。我改的第三个亮翅，因是进右步的靠法，成为右顺左逆，乃是符合技击要求的。

2. 第三白鹤亮翅式名考释

取义同前。

要领：此式系我编在第二倒卷肱后的顺拦肘下的式子，所以成为左转掤后的右进靠法。

3. 小擒打式名考释

此式是说明作用的。它是接着掩手肱捶而变的。对方接我右拳，欲向右退步，引我右臂使我成背势。我随势进步前掤，再因敌变化的着法。此式只陈式有之，各式太极拳均无此式名和练法。各陈式书名均同。

要领：当年陈发科师讲解此式时说，这个式子的最后一着虽然同是一挤一按，但上挤下按的劲分为两截，较为厉害。因为对方只顾注意我的左手，而用右手向上掤挤，我以左手贴其胸部也向上掤挤，双方的气都集中在上盘，对方的右腿在我左腿的里侧，他的劲难以下塌，因而不免下盘空虚，而且未防我同时已在后方的右手攻到小腹气海，我虽用暗劲发出，但劲向下按，可使对方的气突然成为上下两截断开，而致气脱休克。必须在互相试验时，注意右手按劲，不可真的按在对方气海。所以陈师常常教导：对抗不可能常胜，而应常保不败。输要输得有理，赢得须有分寸。这就是："既有拿手（不败），还有掐手（不伤人）。"

4. 玉女穿梭式名考释

此式名是象形的。陈式一、二路都有这个式名，但练法、作用不同。一路穿梭是左右上下斜开，而左步前跳，右步后随。二路则双手同时一收一放，都是像织布梭的动作，加"玉女"二字不过是艺术美化而已。陈式各书与各式太极拳同名。但其他各式减去纵跳，而改为向四个斜角转动。其中以吴式较为复杂美观，杨式则过于简略，而且两手距离太大，失去上掤下按的作用。

要领：此式共两个动作。这是一路穿梭练法，二路练法因作用是退捋进挤，故纳入六封四闭类中。

此式连同前式是拦擦衣的发展变化。拦擦衣本以右方为主，只向右进了一步，此则变为先以右为主而后退，又变为以右手採引，左手出按，所以下一式子，又变为拦擦衣第三式。

5. 二路径拦直入、风扫梅花式名考释

这两个式名是说明作用的。径拦原为"井栏"，不知何所取义。我因它的动作是直接截拦对方向右按我右手，而我身右转，即进步採按的，所以改

为“径拦”（径是直接了当、毫不迟疑的意思）。二路拳中有此式名两个，我这个说明是按前一式名写。风扫梅花本是右转进步时的过渡动作，本来无名。上海顾留馨同志写《陈式太极拳》一书增添不少新名，我因它有倒扫作用添个有用的新名，以便学者记忆，也有益处，因而采用。其实据陈豫侠说，她初学二路时，记得只有三十个式名，我则记得是四十九个式名，陈小旺最近所著《世传陈式太极拳》则为四十个式名，并且在前言中介绍：鉴于二路结束突然，故增加了金刚捣碓和收式。我从陈师学二路时，早有最后一个金刚捣碓，并非突然而止。原来练完即收，开始也是站好即起金刚捣碓，所以原无“起势”“收势”，因为这不能说为式名。

要领：此式只有一个动作。练法从上式搂膝拗步后的右转身靠，已由眼向西南转向东北（假定金刚捣碓系面向南方开始的），身继续右转，右足尖顺缠外摆，左足逆缠走外右前弧线，向右足的左前斜角转进尺许（西南方），成左前虚步，同时，右手变逆缠走里左上弧线，转合在左肩里侧，左手也变逆缠，走里左下弧线，从右臂弯里侧向左下转到小腹的左里侧。

风扫梅花式名考释已见上文。但如从扫字看来是说明动作作用的，如从风及梅花看来，又可以是象形的。

六、搂膝拗步类

1. 搂膝拗步式名考释

此式是说明动作的，重在“拗步”二字。因我们生活中走路时，迈右步则左手向前摆动，迈左步则右手向前摆动。拳式的动作却与人的生活习惯相反，而且右或左手足一同向前，故名之为“拗步”。

各式太极拳均有此名，而练法不同。但陈式有“斜形”或是斜行的异称。我根据陈鑫著作将“斜行”后加了“拗步”二字。步法连续向左前斜进三步，变前蹚拗步时，又变为右进两大步。第三步又转而向左，符合陈鑫要求的复归中线。我的设想曾经请陈师鉴定同意。但第二前蹚的拗步等于搂膝拗步、斜行拗步与前蹚拗步的复习，所以综合在一起。经过这样改动，虽然不知与前人的创作原意是否暗合，却将原来直线前进而且动作重复的缺点纠正过来。

要领：式名为说明动作和方向，义已见前文，但动作多少不同，变化方向不同，作用亦不相同，在每一式中再作说明。

2. 斜行拗步式名考释

此式是说明动作方向的，因一连三步都是斜向左前进行的。但我们没有定名为上三步（如陈小旺拳套式名），因为每一式子，步法都有进退，还有横、斜、大、小及不同的步型之分。其他太极拳均无此式。

3. 前蹚拗步式名考释

亦系说明动作方向的，前蹚是步子向前进。但一路有两个前蹚拗步，第一个应根据再收的方向连续向右前斜角进两步，第三步的左足向左前斜角迈进，第二个前蹚拗步则向正前方迈进两步。

4. 第二前蹚拗步式名考释

取义同前。各陈式拳书同名而姿势不同，其他太极拳均无此式名。

七、初收、倒卷肱类

1. 初收式名考释

此式是说明动作为向内收步，而且表明从一路金刚捣碓至此，是初次收法。这一类里如再收、倒卷肱、退步双震脚、退步跨虎等，都是退行步法，也都是说明动作的式名。

陈师教此式时，经常发出收回的口令。我估计当年杨露禅学此式时，也可能因听到“收回”二字，而讹为“手挥”，于是加“琵琶”二字，而名之为“手挥琵琶”。陈式原来初收与再收的练法相同，都是松肩沉肘，手走外下弧线而收的。我改斜行拗步之后的再收是手走里上弧线而收的。因而前者的左手为顺转，后者的左手为倒转，多了一个收法。

要领：初收、再收都是两个动作。眼法都以左前方为主，身法初收右转，再收则左转变右转；步法初收从左弓蹬步变左侧马步、左侧小马步，再收是从左侧马步变右后虚步，成左前虚步；手法前者为左掤、收掤，后者为进左步挤、变右转身退步捋。至于其他退步着法，留在各式说明，以免混淆。

2. 再收式名考释

是说明动作的，因是第二次收式，所以名为“再收”。陈式各书名同，但练法不同，其他各式太极拳无此式名。

要领：此式亦两个动作。眼法向左，随身之右转90°，仍为左前方，因身、步法变方向，实际眼法未变；身左、右两转；步法从前式斜行拗步末一动作左侧马步变右后虚步、左前虚步；手法包括进步左挤、右退步转身捋法。

3. 倒卷肱式名考释

此式也是说明动作的。因步向后退，两手旋转，故名倒卷肱。陈师教此式时，也常说为倒碾肱。

杨式太极则名为倒撵猴，可能因口音听不清，而致讹误。现已与各陈式拳书同名为倒卷肱。但陈鑫著书名为“倒卷红”，解为如红铁出炉，人不敢近。似不妥。又说：古人曾名为珍珠倒卷帘，倒有象形意义。

要领：此式步向后退行，而眼向前看，两手更迭旋转，所以叫作倒卷肱。陈鑫著书曾说：“同向后看，恐履非所履。”我认为凡后退的足，都用足尖划地而退，在生活上便是如此，不管后面有水、有坑，足尖自能感觉得出来。“同向后看”之法，实非必要。而且与式名的“倒”字不合。陈鑫又说：退行步子要低而大，退行时小腹要贴前腿。那样岂不身向前俯？是否有此必要？我认为还是身法中正为妥。

4. 第二倒卷肱式名考释

同前，加“第二”字样以区别次序。

要领：陈鑫曾说：“得势争来脉，出奇在转关。”在拳式中上一动作便是下一动作的来脉。来脉有大小、高低、斜正之分，则转关必须因势承接得恰当。第一倒卷肱是接前式肘底捶的左前虚步而变的，所以退步较小。此式则系接右独立的左足悬空而变的，所以退步自然放大。又因来势既猛且快，所以退步自然放大，正是符合王宗岳的《太极拳论》所说“运急则急应，动缓则缓随”的规律。

5. 退步双震脚式名考释

此式名也是说明动作的。因为动作中确是退步，到最后又是双足跃起而紧接双足震落的。各陈式书同名，其他各式太极无此式名。

要领：陈鑫曾说：“此式为突围之法。”我通过学习试验，加以揣摩，方悟为入围法，下一式玉女穿梭才是突围之法。这种入围并非多数人所围，而是被人挤到一个深窄的胡同里面，后面有墙，已无退路。对方认为一下可以擒住，我只得向上跃起掤之，然后用右採左按，平纵出去，脱离困境。照奎练此式上跃时不是提膝，而是提足，丢了膝打作用。

我于1956年曾以此式与学拳者乔某试验，只知以上掤为主，在无意中碰了他的裆部，方知上下都有着法，因而回忆陈师当年答同学提问之事。陈师和同学试验着法，常常讲中盘手法变化。同学们问：陈式是否上下都有着法？陈师答：上中下全有。但手走上盘时，在试验中，手应走到离对方尺许，便转过去。不用说真打上，就是摸他的脸也是失礼！膝部提高要离对方数寸，碰一下更不得了。试验中盘手法，必须让他用一只前臂横在胸前，以防万一发劲不慎，伤及内部。学拳以保健为主，研究技术是附带的，促使练者有兴趣，并练是正确些，不要争胜，更要注意安全和友谊。1984年，我和日本姑娘试验此式，偶然大意，右膝碰了她的裆部，幸而是女子，但也蹲下疼了一会。所以应当随时莫忘老师教导。

6. 退步跨虎式名考释

此式是象形的。取名以退步为主，跨虎则象步法的形状，各式太极名同。《世传陈式太极拳》名为跨肱，不知何所取义。肱如何跨？很难说明。

要领：陈鑫说，右手应高举过头顶，现在无此练法。

八、掩手肱捶类

1. 掩手肱捶式名考释

此式是说明动作的。右拳打出之前，右拳本是合在左掌上方，出拳时忽又以左掌翻到右拳上边，好似掩护着右拳而发的。如对手在我身右侧进攻，右肱又起了掤化作用。所以名之为掩手肱捶。掩手肱捶的发出是多方面的，手足配合也是因势而变。出拳的方向有上、中、下之分，缠法有顺、逆之别，手足的配合有顺拗不同。一般原则是平发、下发的拳，都是逆缠；劲偏上走的则走顺缠。有的式子动作先向下忽又转上，也有的似上转忽又向下而上转。陈鑫赞此拳为“理精法密”。理精之处，在于对立而统一；法之密处，在于变化万端。不但未习此拳者难以预料，即素习此拳者，亦仅能从姿势上窥探出有形动作之如何，而难料其内劲之变化。我虽不愿自密，详为解说，以金针度人，实亦只能助有心人受到启发。成效如何，仍在实践。各式太极拳只有搬拦捶，而无此式名。

2. 第一掩手肱捶式名考释

加“第一”两字，以别次序。其他陈式太极拳书无此字样。

要领：陈师初教我时，左手系收在左肋旁，掌心向里，后又改为左手在腹部左侧，掌心顺缠侧向右后下斜角。我将左手移置心口下。因为通过试验，左手收得过大，则右拳劲发不出。这是先求开展、后求紧凑的过程。

原先此式练法系双手左前右后，左上右下地斜着分开。记得陈师曾做几次示范动作，并说："蓄劲如开弓，发劲如放箭。"这是指的手臂的开合。

3.一路第四掩手肱捶式名考释

取义同前。这个式子是右转身蹬脚式下的一个式子。

要领：陈师曾说，陈式发劲方法有四种。一为轮子边上的劲，只能打起对方，而无损伤。二为轮子内侧的劲，即是捌法，能折断骨节，不可轻试。三为钻头劲，掩手肱拳就是这种劲，非遇真正敌人，更不可轻使。武术界常有"拳打寸劲"之语。一般武术解为：拳到离对方一寸才发劲。陈式则贴住对方皮肉后方发劲，在意念上能打进一寸去，所以易受内伤。四为崩炸劲，当对方紧搂我腰，方用此劲。然非功力深者发不出这种劲。

4. 掩手肱捶（二路翻花舞袖后）式名考释

取义同前，动作三个，与上式第四、五、六同，作用亦同。

5. 第一进步掩手肱捶式名考释

取义同前。进步是我改的动作。式名上加"进步"，其他陈式无此练法。

要领：此式系接第一闪通背而成的。共两个动作。眼法以右前为主；身法只左转一次；步法从前式左侧小马步经右小盘步，成右侧马步；手法包括左引掤、右顺步打等法。

6. 第二进步掩手肱捶式名考释

义同。但加"第二进步"字样，说明有进步动作，而且是第二个，其他陈式无此名。

7. 掩手肱捶（二路进步侧靠后的式子）式名考释

义同。

8. 下掩手捶式名考释

此式当陈发科师教授时，本名“青龙出水”。我见陈鑫著《太极拳图说》中此式名“下演手捶”，可以说明动作的方向。而且后面猿猴献果一式，陈鑫名之为“青龙出水”，并加解释说：右手如鞭穗旋转着，配合右足蹬力，跃向右前方，如同鱼龙出水之势。言之有理，因改名“下掩手捶”。各陈式书仍名青龙出水，其他太极拳无此式名。

又陈鑫原名演手的“演”字，取义欠当，因未依之。

9. 击地捶式名考释

这也是说明动作的。“击地”字样只是表示拳打的极低，并非真打地面。陈式各书同名，相当于其他各式太极的“进步栽捶”一式。

要领：我初学此式时，陈师名之为“神仙一把抓”。后来因同学们嫌这个名字有些俗气，而未采用。其实它也是说明作用的类型。但在下打之后，那一个变顺缠而再向下松沉抓着向右转身的动作，那是拳打被化后的抓裆动作。《世传陈式太极拳》有此式名，而无“击地捶”之名，其他陈式各太极拳书无此名。

10. 指裆捶式名考释

这也是说明作用的。实则与下掩手捶、击地捶是同一作用，但有大、中、小之分。下掩手捶手的旋转最小，而为顺步横打法；击地捶的身、手、步法最大；指裆捶则系中型的。

要领：学者应将三个式子的动作排列起来练习、试验，进一步认清其中的变化。

11. 倒插花式名考释

此式是象形的。可能是以右拳像花，花朵向下，岂非插的倒了。原式系在二路最后的掩手肱捶之后的式子。《陈式太极拳》误将拳炮捶后的过渡动作定之为“倒插”，而将末一掩手肱捶后面的式子（应为倒插花，即《世传陈式太极拳》书中的“捣岔”）误名为“夺二肱”。

12. 二路连环炮式名考释

此式是陈式二路护心拳下变搂膝拗步的过渡动作，原无式名。它是一路三换掌的另一变化，三换掌不动步，此式则左右手连环而发，而且左合右开时却撤退右步，亦是一种新的配合着法，因而另立新名，以促学者注意。《陈式太极拳》二路有“连珠炮”三个，原为“玉女穿梭”，虽反复退进三次，只是一个式名。不知为何改成连珠炮，又把倒骑驴（原来陈发科师教的全名为“张果老倒骑驴”）改名为倒骑麟，而此动落步后的三个动作改名为三个“白蛇吐信”。把倒插花去了花字名为“倒插”，将原来的倒插花式改名“夺二肱”，将左二肱，改为“连环炮”，把变式打桩改为“玉女穿梭”。凡此更改不知系何人用什么理由，不通过陈发科师的家族及弟子们商讨，迳行公开发表，也未闻有人提出异议，便以讹传讹地流传至今，我不免为陈式的前途忧虑。

要领：此式共两个动作。收右足时，如不将左足外摆，恐右足收的过速，将影响我身体重心的平衡，所以必须随身之左转而外摆左足尖。拳论有“步随身换”之语，身体旋转超过90° 以上，为了便于步法进退，前足尖必须先外摆或里扣，一般规律，凡欲进后足，则前足尖外摆，欲退后足，则前足尖里扣。如系前足后退，则退的足部落下，立将原为后足、今成前足的足尖亦随身扣转过来。例如，倒卷肱退左步后的右足内扣。它不但为了使我势顺，且可帮助右手挒法的发劲完整。这些动作虽小，只是足尖上的些微转换，却与上下相随的配合是否顺逆有密切关系，所以我经常要求学陈式拳者必须加细观察体会，一丝不苟地锻炼。因为陈式拳是一种机械化，甚至可以说为相当于电子计算机化，真是差之毫厘，谬以千里。

13. 二路左二肱式名考释

此式是说明动作的。连打两拳都是以前臂交替进攻，因先发左拳，所以名为左二肱。《陈式太极拳》将此式名误移于倒插花处，又将“左”字误为“夺”字，而写为“夺二肱”，而将左二肱改为“连环炮”。

要领：手法包括左拳直打、右拳横打等法。

14. 右二肱式名考释

因先发右肱而名，也是说明动作的。《陈式太极拳》无此式名。《世传陈式太极拳》虽有此名，但左右连着打。右二肱前没有变势打桩一式，而且都打成弓蹬步，出拳时也没有正、斜之分。

要领：动作和作用与左二肱完全相反，学者应自己领会，今不多述。

15. 二路搬拦捶式名考释

此式名是说明动作作用的。因能搬回对方来势，截拦发劲。杨式有此式名，陈式原无此名。陈式二路中有此动作，原是从单鞭过渡到猿猴献果的动作，并无式名。《陈式太极拳》新名为“搬拦肘”。我因其动作和说明为：“以拳眼发劲，并无肘法，而且两手只是左右交互横摆，却无左拳的向左发拳动作，虽同意立一新名，使学者不忘此式，改名为搬拦捶。”仍与此式下恢复猿猴献果动作及式名，以保陈式本来架式。1964年9月，全国武术比赛大会在济南举行。我于是年读到《陈式太极拳》后，开始与作者顾留馨同学通信交换有关陈式研究问题。此次顾同学来济，首先到我家访问，因我外出未得晤面，归来即到所住珍珠泉招待所谒见。初见之际我感到顾老为人热情豪爽，毫无党员职位（当时他是上海体育宫书记兼主任）气味，我们谈的十分投机。他介绍同来的蔡龙云和费玉侠两位拳师，并请我表演陈式一路。我请他表演陈式，他说：爱研究推手。于是便和费玉侠按陈式规矩推手给我观摩。他谦逊地说：请不客气，指出缺点。初交怎能有错便纠？推手后，我做了三个亮翅的不同动作，问哪个对？他们说：没看清楚，请再做一遍，我又照做，他二人都笑答：看不出来。其实身体旋转的方向是一右、一左，手部配合的角度也各有差别，原是两个对的，一个错的。即使不理解它的用法，从外形也应看出不同之处。可能这两位都于谦虚，不肯自炫。临别我向顾老提议：先后学难得聚会，我们应当利用时间，多做交流研究，并问研究中是否要第三者参加？他略一沉吟，答以：不要。约定每日饭后六点在珍珠泉会晤。

我们应约会面。谈了《陈式太极拳》的式子和我初学的有所不同，当即举开头第五个式子“搬拦捶”，将原来的练法为之表演了猿猴献果，又和他做了试验。当他按到我伸出的左肘时，我肘收而拳开，轻轻触及他颏下寸许，他连声夸：这个动作巧妙。在济南会谈旬解分别后，我们从来往书信中交流了不少有关陈式太极拳的不同心得体会和疑难问题。直到1965年他还提议让我把所写二路说明稿子整理誊清，将于《陈式太极拳》再版时换用我的稿子。次年因“文革”混乱，遂尔搁置。

阅《陈式太极拳》著者沈家桢是浙江人，字曰维国，从陈师学拳可能在1930年前。当我于1930年学吴式后数月又学陈式，至1944年辞师来济，其间将15年，从来未听陈师谈过此人，也从未见他来陈师家中，后由《陈式太极拳》书前简介知沈家桢学陈式已30余年。我以问顾老，后书说他只是30年前学过，我因忆起在刘慕三先生家中见过一位沈局长维国，并和我推了一次手。原来他先学杨式，后学陈式。社会上一般习惯：凡有旧武术基础者学新套路，总是一学便以为会了，便不再加研究。所以沈的文章以杨式规律解释并限制陈式，如“肘不贴肋”“重心移动”“虚实分明”“一路柔多刚少，二路刚多柔少”“一路以身带手，二路以手带身”“以慢胜快”等，流毒已深入陈沟，破坏陈式传统规律。我常常因此忧虑，以为如不及时提出纠正，想陈式这一瑰宝势将变为碔砆。但人微言轻，大厦非一木能支。遂联想到各地因热爱陈式纷纷成立陈式太极拳研究会，而且出版有关刊物，虽有不少作者热心投稿，对研究方法，似当未能抓到主要矛盾，所以仅是各抒己见，难使学者得其领要。

北京市陈式太极拳研究会成立时我曾写贺词，中有对研究方法的我见：“研要细找，究在深求。”现在我想向石家庄陈式太极拳研究会刊物主持人马惠建议：陈式拳以缠法为基本规律，应从缠法入手进行细微而深入的研究。先以广面的研字带动深度的究字。其方法是：从陈鑫著作《陈氏太极拳图说》及《汇宗》，王宗岳著《太极拳论》及武禹襄各著作连《陈式太极拳》等书中，择出主要篇幅或名言，加以释注，评论及个人在保健医疗、推手技击等各方面的实践体会，亦应对刊物中的文字参加意见——肯定或者否定。总之，我们学前人遗留下的传统套路，须要从书本上和明师求得知识，但也应有科学的鉴定能力，加以选择，而去伪存真，去粗取精。既不可无原则地否定一切，也不可迷信古人，盲从世上“名师”“权威者”。

例如陈鑫先生是陈氏嫡传，并工文艺，所说“倒卷红的红字如红铁出炉人不敢近和眼随手运”是否合理？武禹襄论拳句中有“无使有凸、凹处”则与弧线之凸凹是否矛盾？《陈氏太极拳》说“缠丝劲的运用不可产生缺陷、凸凹和断续”等，三个缺点是否本末倒置？引用武氏拳论：“虚实宜分清楚，一处有一处虚实”的末句“处处总此一虚实”改为：处处总有此一虚一实，是否与刚柔相济原意吻合？说八门劲“顺缠为掤，逆缠为捋”，是否符合陈式实际动作？凡此种种，举不胜举。主编刊物者如每期选出若干条征求读者写文讨论，不但有的放矢地研究出疑难问题，也不至为稿件匮乏而顾虑，还必然引起更多的人们发生兴趣。

杂谈杂谈，不觉又谈的多些。但没离开陈式本题，虽然杂而又杂，还是书归正传。

要领：此式共三个动作。这个式子是陈式二路第一个与一路不同的式子，它是从一路单鞭变左转撇碓动作中反过来的。

右拳另一作用，是第一撇碓的反面。对方之拳从正面攻我胸部，我身略左转，以右掌顺缠从其右腕下掤接，如撇碓的右手，但来劲如偏向我心口右方时，我只能身向右转，以右手从其右腕上挒接，左拳可以趁势击其右肋。

16. 二路猿猴献果式名考释

这是象形的。左拳为果，向对方口中献出。名为“猿猴”，考取其灵敏动作，如同猿猴。各陈式太极拳均无此名。

要领：陈鑫曾说打法：有一引一打（如掩手肱捶），有带引带打（如拦擦衣），有即引即打，即如此式。这是一手应敌最快而使人难防的着法。何况左足尚藏有带扫其右足之用。

17. 一路猿猴献果式名考释

取义同前，但练法不同。《陈式太极拳》名白猴献果，《世传陈式太极拳》名猿猴探果。探字虽符合动作姿态，却不能表明攻的部位。

要领：此式陈鑫名之为“青龙出水”，说：“右拳拧转上挒，右足下蹬向左前跃进，如鱼龙跃出池中之状。”同样是象形的式名，但只能表示出跃进姿势，不如献果能表明进攻目标，因未采用。

18. 窝底炮式名考释

说明动作是从下翻上的动作。《陈式太极拳》名“窝里炮”，义同。《世传陈式太极拳》名同，但练法不同。

要领：王宗岳太极拳论说：“仰之则弥高，俯之则弥深。”这个动作就是俯之则弥深的表现。做到这样效果，当然以裆劲的下塌为主，右手的逆缠角度大小也是重要的。对方的按劲越大，我方右手的逆缠角度也应随之加大，使对方有“俯之则弥深”的感觉。而限于其本身松圆的条件，不敢亦且不能继续前进，而不得不转变方向。我必须善于掌握这一时机，而因敌变化其有利方向。陈鑫在“争走要诀”文中说得好：“双方都挤到九分九厘的情况，只在这一厘间分胜负。”并说：“争取的方法，在于力争上游。”我认为所谓“力争上游”，就是争取主动权。主动权即：时间要分秒必争，方向、角度要善于加减，减变的角度、缠法的顺逆必须不差毫厘，时间更必须不差分秒。但是陈鑫讲到“力争上游”的方法为：手在对方下面要提到上面来。我认为这是不必要的，也是不可能的。

19. 左变势打桩式名考释

这个式名是说明动作的。拳发而身随之变化形势的方向，由正而斜；跃出后又落步打下桩子，必须稳固。《陈式太极拳》名为“玉女穿梭”，《世传陈式太极拳》无此式名，但有“窝底大捉炮”一式，不知取义何在？

20. 右变势打桩式名考释

取义同前。但原名无左、右字样。

要领：手法先发右拳，左手随在胸前，都与上一式方向相反而又动作相同，兹不详述，留待学者自悟。

21. 抹眉肱式名考释

此式是说明动作的。“抹眉”二字可能是说右拳原在右额角上，向右下收回时肱部挨着眉前旋转而发的。肱或作红。也有人解为“横”字，说是武术中的一个着法的术语。我对这个式名仅照字面体会，不一定恰当。《陈式太极拳》名“抹眉红”，陈小旺之二路式名则为“抹眉肱”。

22. 护心拳式名考释

此名是说明作用的。此式手法都是围绕胸部反复运动的。可以看出主要是保护胸肋。名为护，十分恰当。陈式各书名同。杨、吴各式则将此式动作分开，名为左、右打虎式，取象形之义，也有道理。

23. 二路护心拳式名考释

取义同前。

24. 二路伏虎式名考释

象打虎之形。各陈式太极拳书均同此名。杨、武、吴、孙各式只有左、右打虎之名，但不叫伏虎，练法也不同。

25. 庇身捶式名考释

式名是说明作用的。两手左右上下环绕而动，目的为了庇护全身，所以叫作庇身捶。陈鑫说，也可名为“披身捶”。因此式前两动作是两手分披下开的。它与护心的取义虽同，但护心拳动作较小于庇身捶。《陈式太极拳》名“庇身捶”，《世传陈式太极拳》则名“撇身拳”。他式太极无此式名。

要领：此式如照陈鑫的说法，应为七寸靠。这个练法是当两手收合而右足向右迈进时，将右腿贴地前进，顶劲领住，身向左转，腰向右膝内侧弯下去，以右肩距地七寸为度，所以叫作“七寸靠”。陈鑫解释为：遇到身高力大的人，突然用力猛向下按我顶部，我闪躲不及，便随之进右步插到他的裆内，腰弯到紧贴腿部而肩离地只有七寸时，对方下按之势已不能再低，这时我身变右转，用肩头旋转攻其小腹，可能打出丈余。但陈氏久已无人练这样的功夫。

顾留馨同志在香港出版的陈式《炮捶》中，“七寸靠”一式（原套无有）但系面向左方，在左膝弓住时弯腰；陈小旺出版的陈式老架二路太极拳第九式撇身拳之六——30图“庇身捶”式，是在右膝上弯腰，并无七寸低势，不知有何作用。

此式与伏虎、护心拳是同一类型的式子，但因用法不同，而姿势各异。用法不同的主要原因，在于双方站立的位置不同，因而进攻的入手不同，则应敌的方法当然也各异。庇身捶我是正面（假设向北）站立的，对手是从我的右前方。左步在前用双手进按的，所以我先向左转，以右手掤化（来劲偏下，我的右手顺缠下转；如来劲偏于左上方，则我以右肘下沉，而手向右上转掤化），然后每一动作都因对方的动向而随之。护心拳是从二起脚后接手的，双方都是右足在前，对面而立，所以对方进攻的劲偏我左方，我应向左转化。伏虎则是掩手肱捶，我以右拳向右前发劲时，对方从我右背后按我右臂，并且因为他的左足踏在我的右足外侧，所以我必须身法加大左转，右臂向右前方松开，并以右足后蹬，上下相随地掤化。这和二起脚第一动作的滑跌法相似，但二起脚的右足不动，只以膝部松垂配合右拳化劲。总地说来，都不外乎“因敌变化”的原则，也就是具体情况具体对待的科学态度。

兵法要求“知己知彼，百战不殆”。太极拳论也说：“人不知我，我独知人。”这是“所向无敌”的先决条件。知人的方法，首先是从对方与我站的位置上看，再看他的步法是什么形式。何足在前，就可以揣测出他是从哪个方向，用什么手法进攻；也可以估计到来的劲力偏向何方。至于接触之后，要凭我身体各部分松圆的敏感，来感知他的动向变化。我方随时按照缠法的基本规律而适当加减其角度。所以拳论有“变化万端，而理唯一贯”之语。陈鑫也说：“守规矩，而不泥于规矩。”根据我的实践经验，认为还是陈发科老师说得好：条件反射、不思而中的神明阶段。当然“功夫”是照着规矩练出来的，不可能不劳而获。

26. 二路撇身捶式名考释

杨式太极有此式名，陈式无之。《陈式太极拳》在庇身捶（《陈式太极拳》名披身捶）及回头当门炮后的过渡动作新加此名，因而从之。名为撇身者，可能因此式双拳离身左右分开而取义的。但两个式子因衔接之处不同，所以练法不同。

第一撇身捶动作要领：此式是接庇身捶而变的（陈师原教的庇身捶末一动作的左足尖向右扣转。但《陈式太极拳》中陈师此像则不扣左脚尖）。

《陈式太极拳》对二路的式子并未逐一说明它的作用。但对此式则说为：“假定置于胯间的左拳突然被採，则这时就顺着採的要劲，先以右顺左逆的一小圈，身躯略向右转，右脚为实，接着即以左顺右逆的翻转拳背，以挒劲向左侧反击出去……”下面又说：“这是直截了当，以求解脱的着法。”这句话说的是对的。上面说身躯略向右转却又不对了。因为庇身捶式中已说明“右拳突然撤身而回，向右上方发出肘劲”，这时如有人从左方来攻，当然先顺我右转之势，而向右推我左肘，而不会向左拿我左腕要劲，我应付的方法是左手向右引进来劲，同时向左松塌裆劲，并外摆左足尖，以加稳重心，当对方又欲将按的劲路变为向左时，我方能以左拳向左外下打。下文解释斩手及翻花舞袖却说：“此式假定在上一式撇身捶的着击中没有得到解脱……”“假定二次解脱还未成功……”云云，是不理解陈式拳法的谰言。应知当撇身捶左手用开劲发出后，左手便是变开为合，拿住对方左腕，方向左转身上右步，以右肘腕下斩。如果解脱未成，怎能转身上步？

27. 二路第二撇身捶式名考释

取义同前。

要领：学者从以上两式的不同练法和用法，可知陈式拳变化最多，学者必须特别细心学习、细练，方能练出一定水平。

28. 二路下双撞捶式名考释

此式原系二路左冲变右冲的过渡动作，本无式名。我因它有比较特殊的着法，故起此名，以促学者注意。《陈式太极拳》左蹬一根系老式左冲误改，其下亦无式名。

九、十字手类

1. 十字手式名考释

象形。两手交叉如斜十字状。原是陈式太极拳庇身捶前的开合动作，未有式名。我因教初学者对庇身捶动作都感复杂难记，因取杨、吴等式“十字手”之名，分一式为两式，以便初学者。

要领：步法从金刚捣碓的小正马步，变右侧马步。手法包括右开掤、右进步靠。

2. 左进步挤式名考释

这是第二倒卷肱后的过渡动作。式子是我编的。式名亦我所起，是说明作用的。他书无此式名。

3. 二路劈架子式名考释

式名也是说明动作的。《陈式太极拳》名同。《世传陈式太极拳》名为“披架子”。

要领：当年我学此式时，陈师教的是双逆缠，而左手为拳前开。《陈式太极拳》陈师的拳象则左手以顺缠变掌而开，与原教的相反。

十、背折靠类

靠是太极十三势中近身着法。从肢体部位来讲，常用者为肩靠。以肩而论还分肩头、肩外侧和肩内侧，肩头的式子为七寸靠，肩内侧的式子为上靠，肩外侧的式子最多，它是从梢、中、根即挤、肘、靠三节循序而发，也可以由靠变肘挤连环而发。肩背之间发劲的为背折靠，另外还有背靠、臀靠、胯靠等。胯靠的作用更为普遍，因为陈鑫主张：“手到腿不到，发人不巧妙。”一切着法都以步法先进到合理的部位即用“衬”法进到对方腿部内侧，或用“套”法进到对方腿部外侧，先牵动其重心（即武禹襄拳论所说：“如将物掀起，而加以挫之之力，斯其根自断。”），然后因敌变化用不同手法化劲或者攻打。陈式的靠肘法都是步法先到，以身旋转发劲，它和其他流派探身发劲的完全不同。

1. 背折靠式名考释

此式是说明动作为名的。因身体左右旋转而引进，又从背后发劲，故取此名。

此式是陈师教过一、二路以后数年，同三换掌一起补教的。同学的人有赶上学的，也有没学的。1956年春我在陈师家练此式时，小师弟照奎在旁看到便说："这个式子我没学过，有时见我父亲使用这个着法很是巧妙，原来是这个式子里的动作。"后来再发表《陈式太极拳》书前，照奎来信说："已增入背折靠。"及看到此书，原来是把庇身捶的某个动作两拳向上高转作为背折靠。陈式各式的作用是可以适当运用的，虽有其作用，仍缺乏这个式子。至今陈沟练一路庇身捶下仍无此式，而徒存其名。即如他们练倒卷肱下的什么"转身六合""退步压肘"，也是陈师后来补教的。我没学，连师妹豫侠也没学过。

要领：此式有三个动作。臀靠法包括在穿地龙第二动作，可参阅前文。胯靠则每式的进退步中都有，当然也可分里靠、外靠。凡衬法为外靠，着力点在膝部外上方，里靠则系走套法时膝部的内侧为着力点。

2. 二路右转身靠式名考释

此名说明动作。原系搂膝拗步（《陈式太极拳》名为拗步斜行）下的过渡动作，并无式名。《陈式太极拳》立新名为"煞腰压肘"。其实陈式每一转身都是先塌腰裆的劲，不是此式方有煞腰（陈师有时说塌腰劲为"煞下腰劲"），我因它有靠法，而且是在身向右转时发劲，所以名为右转身靠。

要领：此式只一个动作。《陈式太极拳》中我师此式是另一着法。师的右肘是顺缠下沉而收的，右手变拳左转，显然是以右肘引掤，左手亦顺缠握拳扬起，而非向右的合法，可知引进右外侧的来劲，即以左拳转身击打的劲势。这样变化可能由于对方按来的劲着力点在肘部，而且劲路偏下，而非偏右。使我们温故知新，增加一个新的着法。

3. 二路进右步侧靠式名考释

这个式子是二路左拳炮捶下的过渡动作，原也无名。《陈式太极拳》误将前式名为"左冲"，而将倒插花之名移于此式名之为"倒插"。我以说明动作作用的方式，立新名为进右步侧靠。

十一、三换掌类

1. 三换掌式名考释

此式是说明动作为三次换转掌的方向而名。《陈式太极拳》名同。《世传陈式太极拳》无此式名；各式太极亦无此式名。因为这个式子是陈式练基本功的活桩练法。原来套路中本无此式。陈发科师在北京教拳数年后，方将这种练法增入一路中，令学生练习。肘底捶也是练活桩的式子，但它是大开大合的方法。此式则是两只手在胸前交替换转，圈子缩小，显得更加灵活，是实用交手中的快速换着方法，学者应当注意多练。

要领：双顺合掤的练习法，虽然眼法不变，身法只有左右旋转，看似简单，而手法有顺有逆，有开有合。开合的方法，或双顺，或一逆一顺，第三动作又变为双顺缠的合中之开。由于手法的多变，下盘的裆膝配合角度也不一样。必须细心练习体会，莫以其简单而忽视之。

2. 第二个三换掌式名考释

取义同前。

要领：此式亦三个动作。眼法、身法、手法都与前者相同，但前者是左后虚步，此式则从右侧马步开始。所以当身法、手法变化时，步法也随之而变。前三换掌对于腿法，主要是练的右腿；这个三换掌则是练的左腿。我们看第二个三换掌要领，动作一是身继续加大右转，步法从右侧马步，变右膝顺缠弓住塌劲，左膝松垂，成右半盘步；动作二，身变左转，而腿脚部缠法左顺右逆，成为右侧马步；动作三，身又变右转，而手法缩小为双顺缠的合中之开，步法也随之变成大半盘步。这种反复旋转互变，是能练得周身上下相随的。

3. 肘底看捶式名考释

式名也是说明动作的，并且也是太极拳法中练基本桩功的一个主要式子。各太极拳书同名。

要领：我们可以借以练三种身法。步法做成高、中、低三样势。一个开合，走高架；次走中架；最后走低架。三周已过再由低而中、而高。这样反复多练，腿部虽然初觉酸疼，十天后便无感觉。练过两天，腿力必可大增，而且是螺旋式的上升和下降。对拳法是极为有益的。

十二、闪通背类

1. 闪通背式名考释

式名是说明练法作用的。动作中有闪法，中气由任脉通督脉。督脉在背，所以名为“通背”。《陈式太极拳》《世传陈式太极拳》与陈鑫之《太极拳图说》名皆同。杨、吴等各式太极拳，则名“闪通臂”或“三通臂”，乃音讹。

要领：我初学时，左转之前，两手向右转的多些，然后向左捋回。不如这样：左手在心口前转小圈，右手从左手上走立圈，更为简捷。

2. 第二闪通背式名考释

取义同前。 但此式不是原学之法，而是我从一位广饶的老拳师延崇仁的着法中吸取来的。所有全国习陈者都无这种练法。

3. 二路倒骑驴式名考释

陈发科师所教原名为倒骑驴，全名则为张果老倒骑驴。因前式原向右发劲，改为转向背后，且系拗步前进，故取此名。《陈式太极拳》名倒骑麟，陈式老谱则有倒骑龙之名。改驴、龙为麟，不知何人主张。

十三、云手类

1. 云手式名考释

此式名是象形的。中国古代画云往往是旋转状，故取此为名。《陈式太极拳》名之为“运手”，实则任何式子都是眼身步手一齐运动，不单此式才有手法。各式太极都名云手。陈式二路的“大红拳”“小红拳”动作等于原地活步的云手，但《陈式太极拳》都改名为“运手”，不知何故，也不知何人所改。

一路云手有三个，原无次序标明，我取陈鑫《陈氏太极拳图说》上、中、下的次序，亦名为上云手、中云手、下云手。前招、后招是云手的缩小活步，二路大红拳、小红拳亦同云手，而手步有大小的区别。二路黄龙三搅水后单手动作，我改为左、右单云手。野马分鬃也是云手放大的式子，因附入云手类中。

（1）上云手动作要领：此式共走三步，八个动作。

（2）中云手动作要领：此式与上云手同为八个动作，眼仍向左，步仍左进，但步法变为偷步。由于右足偷进到左足外后侧，教之前式只提到左足的右侧尺许，等于延伸了尺五、六寸，所以身躯不得不向右多转，手法也随之偏右。

（3）下云手动作要领：此式同为八个动作，但系盖步的。因此，身向右转的少些，以便右足向左出步时不受腰裆的牵掣，而落不够尺寸，右足从左足前而进，腿弯正盖在膝上面，但要先落足跟，足尖斜向左前方，手的缠法与开合与前略同，只是偷步前进身较偏右，此式则身略偏左即可。中云手左足前进略偏左前，此式则偏左后些，以配合手法。

2. 前招式名考释

前招式名陈鑫原为“前昭”，解“昭”为看（这是河南土话，人们常说你看看为你昭昭）。因这一式的对手不似云手在我左侧或左前、左后，而是从我左步里侧进攻，所以我须向左前看。本来是应付前面的着法，改着为招是随着习惯口语而定的。《陈式太极拳》名同，各式太极无此式名。

3. 后招式名考释

后招是应付右后方来攻的方法，所以眼转向右后方，而名之为后招。《陈式太极拳》名同，各式太极无此式名。

此式手法来源于云手，但身、手变得快而小。陈鑫说：如鸟的飞翔转折，船的转篷，因引易经小过卦象为据。

要领：拳论有“彼不动，己不动；彼微动，己先动”之句。我曾体会前句对交手的方法应当是有礼、有利、有节的。太极拳的战略是“人不犯我，我不犯人”，可以说是有“有礼”；先动手在战术上容易被人看出我的动向，而乘机防御并进攻，不先动则使人难测，所以是有利的。至于如何做到有节，却在于功夫的深浅，也表现出人的品质。陈发科师常说：“与人交手，既要有拿手，更要有掐手。”拿手是保证不败，掐手是赢得要有分寸。陈师和别人研究着法，虽然对手是外人，也总是先说：“你有什么绝着，尽管使出来，我就是输了，不但不怪你，还拜你为师。我对你只是点到为止，绝对不伤你一根毫毛。”当时我听了陈师这番话，总以为是非常谦慎的。现在回忆起来，又觉得谦慎之中，隐含着一种自豪感。

我对“彼微动，己先动”这句话，虽然承认它说得有道理，但彼虽动的微小，终是先动，怎么我又成了先动？“按句意讲，不如孙子兵法”“后人发，先人至”讲的合理易明。最近我结合实验细加体会，感觉到所谓“微动”是在背势中欲转背为顺之际的微动。我们感觉出来这个“微动”的方向，就立刻按照拳的理法，不待他的动作形成，应该借劲时就要顺其动向而加大借法，迫使对方走得偏过而丢劲。应该适用截劲，就要逆其动向而迅速堵截，使其不得转变，而从这一背势变为另一背势。所以不如说为："彼微动，己先发。"这就是陈鑫说的"出奇在转关"那个转关的微妙时刻。

我们这个动作，就是利用彼方微动而发出的一种着法。

4. 野马分鬃式名考释

此式是象形的。两手左右分披随步子的大步前进，似野马奔腾之状。它是从云手放大的式子。云手的对手在我左侧，所以用左进为主，必须眼向左看（陈鑫著作讲到云手的原练法为左进一大步，右进一小步，左、右互进，则右进时，眼可左、右转动，不是可以左进时随手右转）。野马分鬃则系对方在我正前方，所以不得不放大手法、步法。《陈式太极拳》名同，各式太极亦同名，但练法不同。

要领：第一、二动作是原练法，三至五动作是我采取第二金刚捣碓眼、身、手法变成活步进退的。按陈鑫著作，讲此式进步最大为三尺宽，转身时，后手中指应划地而进。这个练法必须腰腿功夫松柔至极，方能做到。

5. 二路大红拳式名考释

二路大红拳式名不知何所取义，或者动作取源于红拳着法。《陈式太极拳》改名"运手"。吾意大小红拳虽不解为何名为红拳，但从大、小二字可以推断它是根据前式步法的大小而定的步法手法。大红拳的前式为飞步拗拦肘，步法较大，所以此式步法手法皆大。小红拳则因从小转身的高探马变成，所以步法手法皆小。改之为云手则可，名为运手却不恰当。《陈式太极拳》二路式名增改了不少，我取其合理者如"风扫梅花"，可以使学者知动作中有后扫着法。"撇身捶"亦可使学者注意这一动作的要点，"搬拦肘"并无肘法，我改为搬拦捶。从他们改的左冲、右冲为左、右蹬脚之后，次序都乱了，把全炮捶改为左、右冲，把进步侧靠改名为"倒插"，把倒插花改为夺二肱，又把左、右二肱改为连环炮，变势打桩改为穿梭，却是无人提议纠正，从而陈式本来面目完全变样了，岂不可虑！

6. 二路小红拳式名考释

小红拳的身、步、手都较大红拳小些，所以叫作小红拳。《陈式太极拳》亦改作运手。

7. 右单云手式名考释

此式原名“黄龙三搅水”，是象形的。陈式各书均同名。我将它改为“单云手”，并加“右”“左”字样，使学者易于明了其动作，并从而体会为什么却用单手之谜。

传说宋代梁山英雄武松曾有“单臂擒方腊”的故事。在战争中免不了一手受伤，但技术高深、胆气壮烈者，亦能败中取胜。我认为，陈式二路拳法是群战的技术。因创出单手着法，以教人败中取胜之法。原名“黄龙三搅水”，《陈式太极拳》《世传陈式太极拳》书名仍旧。

要领：动作中的左手原来是左手掐左腰，《陈式太极拳》书中陈发科师的拳照为左手握拳拄在左腰，我改为左手合在胸前，以便变式时与右手配合。

8. 二路左单云手式名考释

同前，但加一“左”字，以别方向。《陈式太极拳》《世传陈式太极拳》均用此旧名。

十四、高探马类

高探马式名考释

可能取扶鞍准备上马的形象而取的名。《陈式太极拳》及各式太极名均同。

一路共两个高探马，原来练法是一样的，我采用陈鑫著《陈氏太极拳图说》中背折肘的练法作为第一高探马，把原来的作为第二。二路两个高探马前者取自三换掌第三动作，后者与一路第二个同。但一路原第一高探马下接右插脚的第三动作作为左捋左踹法，亦附于后，使学者知有此一法。

第一高探马是接上云手末一动作而变化的。因对方按我云手第八动作左肘时，变劲路向右为左，我如横进步必被顶回，所以变为高探马左步斜向左转开。

第二高探马也是五个动作。眼、身、步、手在前四动作完全和前者一样，只是第五动作变为左足走里弧线向右后外斜角撤退尺许，右足尖随身之左转向内扣转，右斜左正的成左后虚步，略如第一闪通背第三动作的姿势。

我采取这两个不同的式子，不但使学者多学一个着法，也为了使学者体会出陈式太极拳的作用千变万化，不是一成不变的。它的变化不过是在角度、时间方面适当地加加减减而已。但加减的是否恰当，却是须学得正确、练得纯熟，才能从心所欲而不失规矩。

二路第一高探马前文已作介绍，第二高探马同一路第一高探马，亦不复叙。但一路第一高探马便是左转身捋法，下接右插脚的前三动作和现在不同。

要领：陈式以手攻、化，足步先为创造条件，如用腿、足攻人，则手先为之创造条件。陈鑫先生说；“出奇在转关。”即指此等微小动作使人不觉，便已改变方向。王宗岳《太极拳论》说：“差之毫厘，谬以千里。”陈鑫先生也有“练拳须到毫发之际”的说法，都是指的细微中的变化莫测。因为这是成败关键，《太极拳论》所说的“人不知我，我独知人”也是这个意思。

十五、左右插脚、蹬脚类

1. 右插脚式名考释

这个式名是说明动作的。《陈式太极拳》名左、右擦脚。我认为擦字没有意义，按动作来看，它是讲脚插进对方裆内的踢法，因改为插字。各式太极均名分脚。

我把陈式套路中的腿脚着法归纳为一类，计有左、右插脚，二起脚，左、右蹬脚，旋风脚等。二路倒插花第二动作中有拗步踹法，故亦附入。

要领：动作三左足收回一动，是1956年陈师教我推手时用的一个扫带步法。我返济后把它加入此处，同时手向左捋，而且必须捋得对方重心已偏，足法方起作用。

陈式凡用踢蹬，必先以手制其两手或一手，使不能转变，然后发足，以保万全。

2. 左插脚式名考释

取义同前，加“左”字以别方向。

3. 左转身蹬脚式名考释

原为左蹬一根子。系陈氏当年练拳为了练出实战功夫，在地中埋上木桩，发出蹬劲，左、右调换着把木桩蹬倒，功夫深者能将木桩一根一根地蹬断，所以有蹬一根之名。今改为左、右蹬脚。《陈式太极拳》仍名蹬一根，各式太极则名蹬脚。

要领：最后一动，右引左蹬法。我学此式时，左蹬脚是左拳开在左膝外下侧，右蹬脚则右拳开在右膝外下侧，因系左腕被拿，用顺缠向外解脱后，方以左足蹬之。如今练此式往往左拳只开到左膝里侧上方，而且身向后仰。一则手碍左足发劲，二则身非向心力而是离心力作用，如真蹬到实物，必被反作用力顶回，而身向后跌。学者不可不注意此点。

4. 右转身蹬脚式名考释

蹬脚加右字以定方向。此式系接旋风脚后的式子，这个式子既然是从旋风脚后改变的，而且旋风脚也是腿法。因此，我先将它的动作介绍出来，使学者了解式与式的衔接转关妙用。

旋风脚式名考释：这是因为动作中的手足同时左旋，有如旋风，所以取其形象为名。《陈式太极拳》名同。各式太极拳无此式名，在伏虎式下却有个转身蹬脚，从此式而变。

右转身蹬脚动作要领：此式是应付两方对手的着法。一、二两动作应付右后方，当身步已向右转进，便以左前方为主，接着又有人从我右后方来攻，我急转身迎之。但两个右转身的上下手足配合的不同，而且由于前一式的来脉不同，所以手足必须因敌而变。第一个动作的前一动作是我以左足横攻左方之敌。有人为了援救他，利用我右足独立，左足向左发劲，向右后方拧我右手，本来可以使我向右仰跌，但我先塌好裆劲，继续右转，却将右手向左拧转过来，以至反背为顺，赢了对方。但又有人从我右后方进攻，不敢向右后再拧我的右手，却进左步向左按我右手，我立变为收掤、下掤，拿其右腕，而以右足蹬之。

《陈式太极拳》将此式第一动作混为旋风脚式中。因这一动作也是旋转的，并入似亦有理。但当旋风脚第四动作变此一动右转身时，说：左腿应在空中平扫过来……这样的手足配合方法，我从来没听陈师讲过，也没见陈师如此做过。因为这个动作是转身接对方从背后来着的，转身时的手足动作必须侧着收敛，方能转得便利。不然，自己的手足都会为转身障碍。如《陈式太极拳》倒骑麟一式的转身时，两手及左足都走大圈，转到一半，便必然被对方截回，即使是单练也必然散劲。所以《陈式太极拳》此图，右足根也随身离地。这种转折规律连动物也知道应当怎么配合。我们试看鸟的飞翔转弯，右转则右翅向右下收敛，左转则左翅向左下收敛。我在趵突泉看海龟游转，也是右转先合右爪，左转先合左爪。曾笑向学拳者说：这个蠢物都比人聪明。

我们把这一动作的作用讲明，学者可以从此得到启发而有所领悟。

这个式子的五个动作为什么一、二两动眼法以左为主，下面又以右为主呢？当初造此式时，可能假设几个敌人。当旋风脚第四动的对手系在左侧方，我以左手足向左上发劲时，右手展开以调解平衡，有其同伙从我右方以右手拿我右腕向外缠转，迫使我身不自主地随之右转，而立足不稳。我虽随之右转，首先右足塌好裆劲而转，右手略向右随，立即沉肘贴肋，以前臂带转手腕向左上转过，这就使他外拧的劲转折过来，拿我的手反被我拿住，左手收回制其右肘关节，而且左膝收转，足向前下斜作下蹬之势，对方如不变着，则左足可以立即蹬在他的右肋膀部分。

陈鑫说："得势争来脉，出奇在转关。"凡上一式子和前一动作都是"来脉"，下一式子和后一动作都属于"转关"。必须视前者的大小、高低、斜正而适当承接，承接的合乎规矩，能够反背为顺，反败为胜，使人感到"出奇"。实则奇是从正规造成的，能理解这个道理和方法，就是"理精、法密"。陈式太极编造的两路拳套，可以说是任何变化的方法俱全，当然都离不开眼、身、步、手的配合。即如前一动作中，眼必须由上式的向左转为向右，身的右转仍不超过45°，裆劲如不塌好，右足尖外摆的如果超过45°，则立身不稳。左膝如不收提到腹前，而且如《陈式太极拳》说明中所讲："微弯不直地从空中扫回"，那就必然会被站在我右后方对手的身体碰倒。这一动作的奇处更在于右手收转的方向，正和眼、身、步的旋转方向恰恰相反，时间却分秒不差，这才是"对立、统一"的妙用。

《陈式太极拳》此数动都以手直线开合，只有公转而无自转，非丢即顶。说来学此拳者往往粗心大意，如非将小转关练的没了，便是善做聪明加些花着，同样不合陈式理精法密原法。近来有人自创新法，名为新架，实则将缠法减而又减，未得陈发科老人亲传，甚至并未见过老人练法，因而练的不对，倒也难怪，只是陈式太极必将完全失去本来规矩，岂不可虑！

5. 二路左冲、右冲与下双撞捶式名考释

陈式二路左冲、右冲二式，本是左右蹬脚，名之为"冲"，说明劲向前冲，而且左右连续前冲，与一路左蹬与右蹬的来脉不同。下双撞捶原无此名，只是左右冲联系过程动作，为使学者记忆它的动作为下前方，作用也有冲撞的劲，我加了这个名字，其他陈式无此式名。而且《陈式太极拳》已改左右冲为蹬一根。

6. 二起脚式名考释

因先起左脚，即起右脚，故名二起脚，是说明动作的式名。《陈式太极

拳》及各式太极名同。

要领：夏国勋拳谱解此式，从右前看为仲由负米，即将面前之人背摔过来；从右后看为乌龙绞柱。可见夏为杨露禅之婿，他们所习拳法亦知陈式用法。

按照这几个连环着法，正如陈鑫《争走要诀》所讲："双方都挤到九分九厘，只在此一厘中争取胜负。"我认为：这一厘中包括时间的速度和动作角度的分毫不差。以快胜慢的道理，大家都容易明白。至于动作的角度，怎样运用配合方能合理呢？我不嫌辞费，在下面详作介绍：

陈鑫说，踢、蹬着法厉害，不是生死关头，不可轻用。另外对自己也有危险，因为如果被人接住足部，亦会失败。所以陈式拳在用手法时以步为先行。口诀有"手到腿不到，打人不巧妙"之句。用腿法则以手先制敌，如右插脚先以手封住对方两手，左插脚先以手掤拿对方两手，左转蹬脚以左肘制其左手，右蹬脚以右手引缠其右腕，旋风脚则以左手制其身手。唯此式看似手无先发制人作用，实则当对方掉步时，我的左手仍未撒开对方左手，这一动作的左手再左外开便是粘住未放，或在动作右转时，利用左开的惯性仍使其难免劲成背势。

不过跃起时，应注意在原地上跃，而非如一般二起步先前行而跃。这是因为两方距离较近，步向前移不但时速减低，而且踢打难准。陈鑫说，原有难度跃法，手在胸前做小旋转，即以旱地拔葱之势跃起，力大者能跃一人多高。我们也应当考虑一下，为什么在这个动作要原地上跃呢？我认为，可能是两方在变式时，动作都很快，对方调换步法之际，就是跳起来，因此我方不得不以跃起之法，适应对方。这是符合"因敌变化"原则的。

在这里我顺便谈谈陈式接手与接腿的规律。陈式接手口诀为："右手来，右手迎；左手来，左手迎。"但未说出从外或内迎接，从拳式中看来应当从对方的手外迎接，这样方能以一手制其两手。例如第一金刚捣碓第一动作的右手就是从进攻的右手外侧接着的，但对方如先从外方进按，我只用缠法随其劲路的方向而自转顺逆以掤随之，不可拘泥。

接腿的规律陈鑫指出为"腿来提膝"，也未说明从何方去接。我从试验中体会到它是和手法相反的。即用左腿接右腿，右腿接左腿，同样从外接住，亦可以单腿制其两腿。不过应当注意，不论踢、蹬、踹、跺，都该先提膝而后发脚，不然，则脚上无力。

7. 双摆莲式名考释

这是象形的式名，言足之摆动近乎风摆莲叶。《陈式太极拳》名“摆脚跌叉”，摆脚是实说动作，取义更为明显。但将跌叉合为一式，似欠斟酌。《世传陈式太极拳》则名“双摆”，有“双”字可区别“十字摆莲”的单摆。各式太极均有此名。

要领：右足尖随右膝内合提起，再向右发劲。

8. 转身双摆莲式名考释

取义同前。加“转身”二字，以区别动作。《陈式太极拳》名同。《世传陈式太极拳》无“转身”二字。

要领：下面十字摆莲，则系从小擒打与抱头推山各式发展变化。第三动作因与小擒打前的来脉不同，所以步法斜向左开。第四动作手的双合，又近乎抱头推山第三动作。只是最后一动作变为左单拍右脚。所以我经常想到，许多人都感觉陈式难学，实则只要能把前部式子学的熟，后部只是加以变化而已。接着写出十字摆莲以证我言。

9. 十字摆莲式名考释

这是说明动作的。此式先以两手交叉横排成十字状，然后单手摆右脚，故名十字摆莲。《陈式太极拳》与各式太极名同。小旺书则名之为“十字脚”。

要领：这个手法是比较特殊的。一般两手合住，只合在腕部，此式却是横排成为十字。陈鑫说，这样做法，名为“横栓”，乃陈家太极所忌。但只要两臂放松，裆劲塌好，重心不偏，转身进步用靠法反击，最为便利。

10. 二路扫蹚腿式名考释

式名是说明作用的，这是腿法中的一种扫法。《陈式太极拳》《世传陈式太极拳》名同。

要领：此式共四个动作。陈式拳动作变化顺逆缠法及斜正进退，以适应对方的变化。在掩手肱捶被对方接着变化如此动作的约有三种。头一个是右转捣碓的第一动作是适应从右外侧按我右臂的着法；第二个是小擒打第一动作，因对方用右手接我右拳，而向右退步，所以我立进右步随之掤法。上两个都是化而不攻，唯此式是化中兼攻法。学者可从对比中逐渐悟出它的差别和不同妙用。

这几个动作是小擒打的发展变化。小擒打第一动作是进右步的右手随掤，对方第二动作是右手和右步同时前进的，所以小擒打第二动作是掉进左步的右採左按，此式则对方的右足在被掤捋时，方进右步，正好用扫法制之。

以上这些动作虽在练架子时分成几个，实则双方变化都迅速非常，只能与功力相当的对手互做试验，方能悟其真意。

当年我见陈发科师练此式前扫，以右足为轴，如同圆规画图将立针插在地中，扫的左脚虽是虚的，在土地上能以足跟划出寸许深的沟子。倒扫是用右足尖划地，也显出一道痕迹。练完之后，地面上留着极规矩的图样“ω”，两足的距离只尺许宽，所以裆劲虽然塌下，而步法不大。这是由于双方距离较近，步子大了反扫不着对方。《陈式太极拳》有照奎此式图像，步子就放低加大了。陈小旺所著《世传陈式太极拳》此式图像，却是两手按地的旋扫。

11. 二路风扫梅花式名考释

从“扫”字看是说明作用的，但由风与梅花字样来看，又是象形的。二路此处原是径拦直入与右转捣碓的过渡动作，并无式名。《陈式太极拳》为之起新名，因从之。

要领：已见前。

12. 二路倒插花第二步式名考释

取义已见前文，在此之所以单摆出解释，因前者归入掩手肱捶类，此处则归入腿法之类。

要领：我们从以上十四个不同的式子中，可悟出踢有左、右、单、双；蹬亦有左、右不同的来脉。摔虽仅有右式，用时亦可有左摔。扫法有前扫、后扫之别。踹法须用足掌。旋风脚须明确手足如何前后配合发劲。陈鑫说："此拳理精法密。"确非虚语。惜我不敏，虽蒙陈师殷殷教诲，期以有成，但我终为不成材的老学生，愧对师恩良多。

十六、小擒打类

这一类型的式子计有小擒打、穿梭、跌岔、穿地龙等，都以上採下按为主，而步法不同。穿梭是从拦擦衣变化的，所以下一式仍接拦擦衣，方向最后向右；小擒打的步法进步大小两次，跌岔进左步贴地前蹬，穿地龙则塌劲后坐，虽然都以左方为主，而动作、作用各有不同。

1. 小擒打式名考释

这是说明作用中有擒、有打。《陈式太极拳》名同，各式太极无此式名。

要领：原练法是左转跃进右步，只提膝足尖下垂，落步时身已右转，所以足尖自然外摆，一落即右转而进左步，这些动作都十分迅速。

陈发科师曾讲，此一动作趁对方右转向右下发劲，我以左手在其胸前上转，以截其劲，使气难下沉，同时以右手按其气海，使其气分两截，如按得过重，可能因气脱而休克。陈师并说，如果发现这种情况，赶快把他的左腿蹺起来，用拇指按住大腿根里侧的一个穴位，一揉便能醒过来。可惜我那时没想学这个本领。

2. 玉女穿梭式名考释

此式名是象形的。织布梭是来回穿动的，这个式子也是向前推出左掌而又左右步平跃出去，所以取此为名。加玉女二字只是美化它，使人感到有趣，便于记忆。正如捣碓之加金刚为名。《陈式太极拳》及各式太极均有此名。但各式穿梭不向前跃，而是增为向四角转动，把陈式右採左按的着法变为上引下打，类如形意的炮式。

3. 跌岔式名考释

武术界从来将腿铺地前进的式子名之为跌岔。双腿分前后铺地的为双岔，单腿前铺为单岔。陈鑫曾说，双岔必须跃起方能变着，单岔则可自由变化。可以前足着力而提起后膝攻人，如下面的金鸡独立便是其法；也可以随势转身，用手按地而以前腿转扫，名为扫堂鞭法。陈式这个动作属于单岔。《陈式太极拳》名同。各式太极则名为“下式”。

要领：此式共两个动作。是双摆莲下面的式子，但摆莲攻的右侧，此式则变为左方为主。

4. 穿地龙式名考释

此式名是象形的。武术式名遇到低动作，常常以龙、蛇等动物来做形象。穿地龙正是说明一条左腿是贴地而动的。陈鑫曾说，此式又名“铺地鸡”，因鸡性怕热，夏天常常把地扒各窝处，一腿伸出卧于地上。也有人名之为“铺地锦”，都是象形的意思。《陈式太极拳》改名为“雀地龙”，各式太极均名下式。

十七、金鸡独立类

1. 金鸡独立式名考释

也是象形的。因雄鸡常有一爪下踏，一爪提起的姿势，而取以为名。金鸡独立也是从金刚捣碓发展变化而成的。陈鑫老谱说，亦名“铺地鸡”，是结合上一式跌岔而言。《陈式太极拳》与各式太极名同。

2. 左金鸡独立式名考释

已见前面，但加“左”字，以别方向。

要领：吴孟侠著《九诀八十一式》中金鸡独立一式歌云：“提膝先打致命处。”可见杨式练法早期略同陈式，而且晓其用法。该诀下句为：“下伤两足不留情。”又可见提膝攻裆之后，还有震脚动作。

3. 右金鸡独立式名考释

取义同前，加“右”字以别方向。

要领：凡用膝攻裆之法，都是生死关头，不可轻用。陈发科师平日教人总说，上盘的着法，在与人试验时，我的手必须离开对方尺许便转开，不但不许真实打上，就是摸人的头、脸也不礼貌。提膝时，是下盘着法，不可提成平裆，以免误伤。走中盘的挤、按，一定让人把前臂横贴在胸肋，方能发劲试验。前辈对友谊何等重视，我等后学，应当永记。

十八、各种肘类

太极十三势的手法共有八种：掤、捋、挤、按、採、挒、肘、靠。可称之为八个手法。但不能称之为八个劲别，因为法只是手肘靠的左右转变，用劲只是掤劲的一种。

手法虽八种，它的变化不但是自转与公转的配合变化，而且是肩、肘、手三节同时互相联系而配合的，手部着法离身略远，肘与对方贴近而发，靠法则两方皆贴身体。现在先谈肘法。陈式肘法分顺拦、拗拦、背折、连环等多种。我们将它归为一类，今先介绍顺拦肘。

1. 顺拦肘式名考释

此式名是说明动作的。凡发肘方向和步法同一方向的为顺，它的作用是截拦对方来劲而后发肘，所以名之为顺拦。陈式原名为顺鸾。鸾鸟与此式无关，可能是口音讹传误记，今依理改正。《陈式太极拳》仍名顺鸾肘。

要领：此式一、二路各有一个。一路顺拦肘排在第二倒卷肱下，是我根据《陈式太极拳》退步压肘而创改的。它和二路顺拦肘虽然都是两个动作，但练法与作用各有不同。这是由于来脉不同，所以因敌变化的也各异。

2. 二路顺拦肘式名考释

式名取义同前。动作仍为两个，眼法向左前，身法左、右两转，步法两足同退同进，均为右小侧马步，手法包括退掤、进肘等法。

陈师当年讲此式并多次做试验说，照肘部的方向讲是顺拦肘，讲攻的部位则为穿心肘。现在《陈式太极拳》将顺拦、穿心分为二式。

3. 二路第一拗拦肘式名考释

也是说明动作作用的式名。因发右肘的方向和右步恰恰相反，所以为拗。《陈式太极拳》加飞步二字说明在掩手肱捶发劲后右步向左前斜角跃出的动作，是可以的，我的套路亦采用之。

要领：此式共有三个动作。此式从掩手肱捶发劲后变化的。这个拗拦肘的使用和发劲方法是特别的，因为它是用左手按我右腕，我不得不从其肘下先随后发，左手卷在他的左腕上，使不能撤回，加上左步的随身左转而向后斜退一大步，因此右肘关节虽然贴身而转，却是发劲迅速猛烈。同学们互做试验时，要注意左手顺缠的指部略微放松，不要把对方的左臂引直了，以防伤其肘关节。友谊第一就应安全第一。

4. 二路第二拗拦肘式名考释

式名取义同前。但此式是进右步的打法，无飞步二字。学者应当注意，发右肘时的左指在试验时不可下垂较多，多了就会把对方的右臂缠直，发出肘法，可能伤及他的反关节。

5. 裹身鞭式名考释

这是说明动作的式名。因动作的合开都裹着身体而转，所以应重视“裹身”二字的意义。“变”字是形容化劲的松圆有劲。《陈式太极拳》改名为“裹鞭炮”，去掉“身”字，不明动作路线，裹什么呢？有了“鞭”字，又加“炮”字，鞭炮齐名，倒是热闹，但无道理。

《世传陈式太极拳》一书，则名之为“里变”，不知何据，何所取义。陈式太极拳是中华民族的宝贵文化遗产。陈鑫曾说：“此拳理精法密。”近年来，不但逐渐为国内人士特别青年们热爱，甚至外国有科学常识者亦爱而来学。我认为我们凡是爱护陈式者，均有责任继承发扬这一宝贵文化遗产，而不应随意改变陈式太极拳的原来式名。陈式的式名是有其一定道理的。过去由于口传，经后人记录不免有讹误。但陈式书已出版多种，式名亦已经为中外学者所熟悉，忽以“世传”而改变名称，是否笔误，未免遗憾。

要领：从作用上看，此系从左前方接手的着法，如从背后接手则与此不同。因陈式太极拳动作皆是螺旋，其作用可以应付多面。倘能练到正确而又纯熟，则用时自能体会陈鑫所说“周身上下都是拳”的妙用。

《陈式太极拳》此式与陈师当年所教方向大有不同。1956年，陈师为我表演了一、二路，尚与原教收式仍在原地无疑。但1964年5月间，江南五省武术队来济取经，一安徽教练表演二路，却变成右起左收，据说学自照奎。后来我细观《陈式太极拳》拳式及说明，原来从掩手肱捶后接此式时，即身变右转，提左足向右盖进，并增式名为“转身六合”，又加左字为左裹鞭炮。且两手收合时，不从下开上合，却是两手从上弧线收转。本来盖进左步时，利用手提的劲，步法可以轻松地跃进，这种跃法是横跃的。陈师练此式能横跃木桩。当跃时如两手从上而下转，怎能跃起？况且收式不回到起式原处，亦违常规，不知何人所改，因何改变，至今怀疑。我练的套路路线仍照陈师所传原法，以存陈式真貌。但该书将此式名之为“左裹鞭炮”，所以左为主也是好事。因为可使学者体会出两个裹身鞭有左、右两个方向、作用的变化。

6. 右转身裹身鞭式名考释

取义同前。

7. 手肘势式名考释

此式名是说明动作和作用的。陈氏老名为兽头势，《陈式太极拳》采用之。我学拳时听陈师说为手肘，而没说出“头”字的音。陈鑫老谱解释兽头取义为旧建筑物房顶牲畜有兽头，其形猛恶。但此式如何像房顶的兽头，怎样猛恶？我却体会不出，因以“手肘”为名，而且此式以手肘动作为主，取此名似较接近实况。

回忆50年前陈师为我讲解此式时说，有人右步在前，从我背后将我的腰和两臂一起搂住，想向左摔我，我身略随之左转以化其劲，裆劲下塌，以右边臀部压其右膝，可使从我身右向前跌出。如果他掉劲左足又向右摔我，我随之变为右转，并将右足后撤半步，以右肘打他。他为了躲我右肘，又因搂得很紧，不免随我的右转而身向左偏，我趁机身变左转，右拳向前发劲掤开他搂腰的右手，以左肘打其左肋。这两肘换着发劲的时间必须迅速，所以叫作连环肘。右肘用顺缠打他的胸部，左肘用逆缠打他的左肋，缠法和打的部位不同，所以又可以叫作鸳鸯肘。陈师并就自为我做了几次试验，果然着法灵妙。但功夫不练到真正扎实，转身、撤步时，身体不能像立柱似的在旋转中丝毫不摇、不偏，也难奏效。

陈鑫说这套拳一层深一层，层层意无穷，确是不假。我们如想练出真功夫，必须遵照陈师教导的：先求姿势正确，从正确求熟，从熟找细，当然需要较长的时间。不但把拳理、拳法了然于心目中，更重要的是把功夫练到身上，达到“周身上下都是拳”的境界。

8. 背折肘式名考释

因从背后转折发肘，取名说明动作。如一路第一高探马，各掩手捶的左肘，都有此作用，不重述。

十九、斩手类

1. 斩手式名考释

这是说明作用效果的式名。因为这一着法如果时间方向配合得十分恰当，可能将对方的左手斩下。《陈式太极拳》名同。

二路斩手原来只有一个。我从锻炼和试验中认为，右黄龙三搅水变左搅水的过程动作有斩手的着法。因名之为拗步斩手。

要领：这个着法是从对方反关节发劲的。等于其他拳种的马步下压，但太极拳发劲是旋转而发的，稍不注意便会发生折伤事故，不可轻试。同学们在互相试验时，应将左手顺缠法角度稍小一些，给对方左臂留些松处，右手下斩的位置不要放在反关节外侧，而压在他的臂弯里侧。这样做，亦可使对方向外跌出，却不至骨折。

2. 拗步斩手式名考释

见前。

此式是我从陈式二路右黄龙三搅水变左搅水过程动作的着法，新立此名，以便学者悟其作用。因转身时右足系拗步落在左足之前，而且右手上提，左手下斩，所以取名为拗步斩手。陈式及《陈式太极拳》都无此名。

要领：这种动作是上肢被封住或拿紧，难以用开合等法变化时，利用腰裆旋转、步法虚实变化，以因敌的进攻方向，随化或者反攻的败中取胜妙法。主要在于每动不离螺旋，而且周身都有螺旋力的配合，方能不丢、不顶，转危为安。

学者应当知道，螺旋运动的形状是陈式太极拳缠丝劲形成的基本功。螺旋形状是由学而得的，螺旋力则是练出来的。学得粗枝大叶，练的方法不对，虽下苦功也练不出来。学的时候虽然听老师所讲道理规律，看老师示范动作能够记忆在心目中，但欠缺功夫，同样空而无用。陈鑫说，要拳一在窍道，一在身法。通窍道而不讲身法，其弊失之于灵，通身法而不通窍道，其弊失之于滞。我认为，所说窍道是指的拳理、拳法，所说身法是指的练架功夫。实践必须与理论结合起来，方不枉费功夫。

如上一动作的动作方向与时间的配合必须十分密切，方向有错，即使差之毫厘，也会成败相反，但方向变化虽对，而时间不对，同样发生相反作用。由以上动作观察，可见动作的方向变化与时间配合是非常迅速的。过去陈子明著作提出：初学应慢，习而后快，然后快慢相间地练。这是教给学者用功的次序方法，本是正确的。但我认为，所说“快慢相间”应指的是整个套路。快则全快，慢则全慢。这样练出的功夫，方能达到拳论要求的“动急则急应，动缓则缓随”，绝对不是要求在一个式子中的动作忽快、忽慢的那样“相间”。自从《陈式太极拳》沈家桢先生说为“转弯应慢，走弧线要快”，影响了不少习陈式拳者。

陈鑫先生说的“得势争来脉，出奇在转关”，就是讲时间与方向密切配合的，所说的“势”和“来脉”及转关的关，都是属于方向的，“争”和“转”都是属于时间的。在“转”的时候必须“争”的分秒不差，它的效果方能使人感到“出奇”而称妙。

二十、翻花舞袖类

1. 翻花舞袖式名考释

式名是说明动作形象的。练起来两臂左右上下前后回旋而舞。如果穿上长袖衣服，确能表现出袖舞踊跃的姿态；并且由于身步也随手翻转，类似鱼龙穿浪翻花之状。式中步法转换也有虚实之分，应注意双足下落时要先左后右地震落。如今练此式者，在跳起下落时，往往双足同落，这种配合，是错误的。

要领：此式有两个练法，一是原来学的动作，二是我从教学中新创的练法。

前者为四个动作。眼法以左为主；身法先左左，后右右；步法从斩手一式的震脚发劲后，便跃起在空中旋转360°，落地为右侧马步，为第一动作。第二动作是转身后左足落实，再出右步，继续左转，提起右足与左足并立，再出左步为第三、四动作。因连翻纵跃，青年人较为适宜，这是第一种方法。

第二种练法是1956年我教七旬老人张伯麟时，为适他的身体情况而创造的。它共分六个动作。只需步随身转，不须纵跃，较为和缓。

2. 二路第二翻花舞袖式名考释

取义同前。

3. 二路海底翻花式名考释

这种动作一路右蹬脚后，掩手肱捶前两个动作只是过渡的，并无式名。《陈式太极拳》二路蹬一根（实际原名为右冲）下，讲此动作立了新名为“海底翻花”，也可以说是象形的，我的套路也采用之。

这两个动作和上一式手肘势的眼身手法大致相同，而步法不同。前者右足贴地后退，此则右足悬空，手的动作也较小些。因二路搬拦捶的手法与此略同，并为一类，使学者便于比较。

要领：此式共两个动作。眼法以右为主，身法左、右两转，步法为左独立，手法包括左右转掤等法。

第六章 重写式名考释杂谈

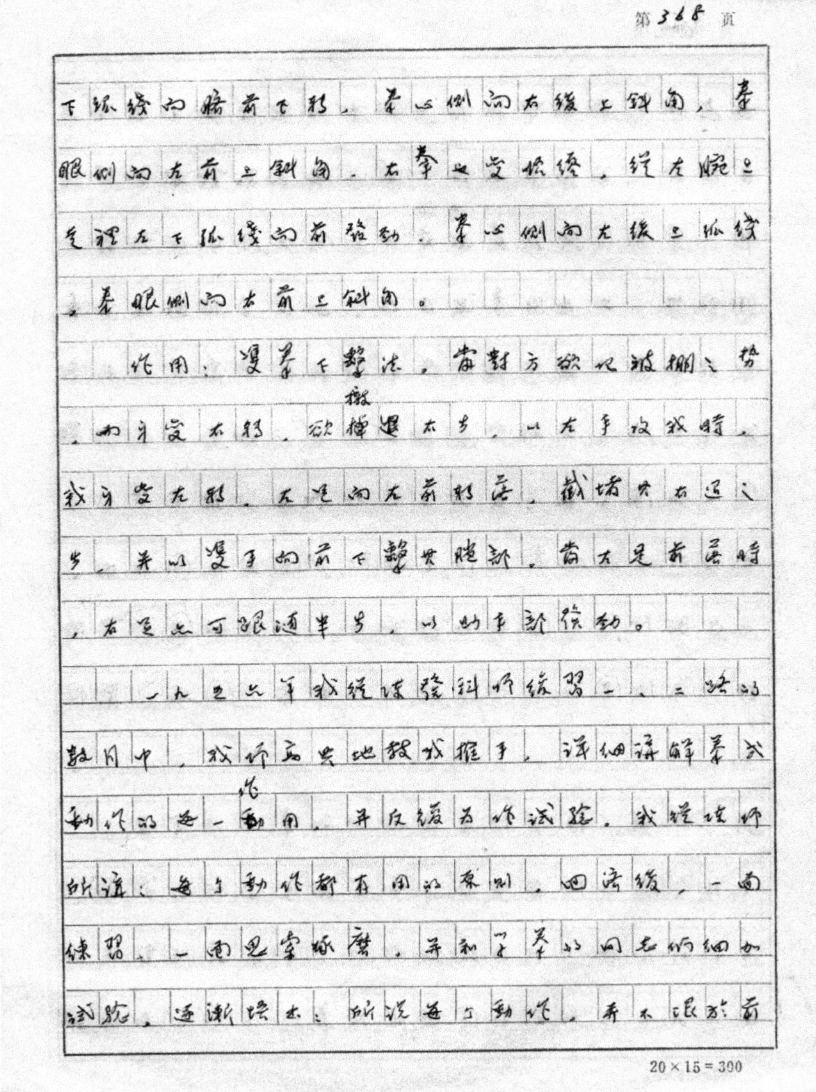
第368页

下弧线向膝前下捋，拳心侧向右後上斜角，拳眼侧向左前上斜角。右拳也变弧线，从左腕上经裡左下弧线向前发动，拳心侧向左後上弧线，拳眼侧向右前上斜角。

作用：双拳下击法，当对方欲以被掤之势，向身变右捋，欲撤退右步，以右手攻我时，我身变左捋，左足向左前移落，截堵其右退之步，并以双手向前下击其腿部，当右足前落时，右足也可跟随半步，以助手部发动。

一九五六年我从陈发科师练习一、二路的数月中，我师亲自地教我推手，详细讲解拳式动作的每一动作用，并反复为作试验，我从陈师所讲：每个动作都有用的原则，回家後，一面练习，一面思索琢磨，并和学拳的同志们细加试验，逐渐悟出：所说每个动作，并不限於前

20×15=300

《重写式名考释杂谈》图一

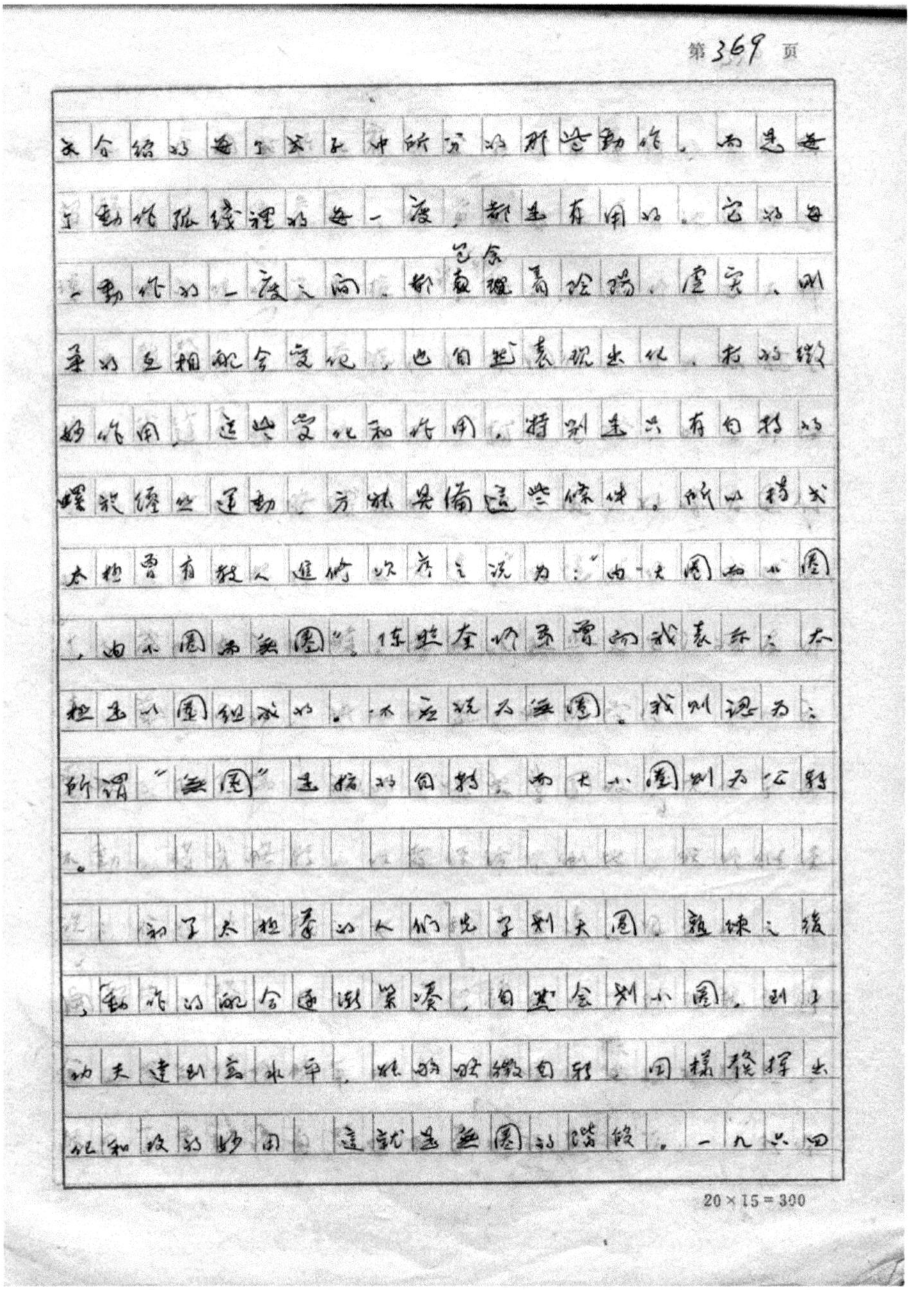

第369页

来合组的每个式子中所分的那些動作，而是每个動作弧線裡的每一度，都是有用的。它的每一動作的一度之間，都贯穿（包含）着阴阳、虚实、刚柔的互相配合变化，也自然表现出化、打的微妙作用。这些变化和作用，特别是只有自转的螺旋缠丝运动，才能具备這些條件。所以陈式太极曾有數人進行次序之说为："由大圈而小圈，由小圈而無圈"，依此套以系實的式表示之，太极是小圈组成的，不应说为無圈。我则认为：所谓"無圈"是指的自转，而大小圈则为公转。

　　初学太极拳的人们先学到大圈，熟練之後，動作的配合逐渐紧凑，自然会到小圈。到了功夫達到高水平，他的细微自转，同樣發揮出化和攻的妙用，這就是無圈的階段。一九六四

20×15＝300

《重写式名考释杂谈》图二

1956年，我从陈发科师后习一、二路的数月中，我师高兴地教我推手，详细讲解拳式动作的每一作用，并反复为此做试验。我从陈师所讲“每个动作都有用的原则”，回济后一面练习，一面思索揣摩，并和学拳的同志们细加试验，逐渐悟出：所说每个动作，并不限于前文介绍的每个式子中所分的那些动作，而是每个动作弧线里的每一度都是有用的。它的每一动作的一度之间，都包含着阴阳、虚实、刚柔的互相配合变化，也自然表现出化、打的微妙作用。这些变化和作用，特别是只有自转的螺旋缠丝运动，方能具备这些条件。所以杨式太极曾有教人进修次序之说为“由大圈而小圈，由小圈而无圈”。陈照奎师弟曾向我表示，太极是以圈组成的。不应说为无圈。我则认为，所谓“无圈”是指的自转，而大小圈则为公转。

初学太极拳的人们先学划大圈，熟练之后，动作的配合逐渐紧凑，自然会划小圈，到了功夫达到高水平，能够略微自转，同样发挥出化和攻的妙用，这就是无圈的阶段。1964年9月，全国武术比赛大会在济南举行，上海顾留馨同学远来参加，行前约我在清泉池洗澡，谈到他向陈师学习推手说：“我本以为老师年已古稀，不教发劲。照奎说，没有关系，可以试验试验。我趁着把老师的两手封住之际，加上前按，哪料老师的胳膊被我所按之处，好像有电似的，一下子就把我打出老远。”因忆陈师为我述说：“十七岁功力初进时，老父（延熙先生）访友归来，观其用功，许以进益。时当冬令，老人衣裘袍，两手揣在袖内，唤儿辈围攻，老人手并不动，将身略转，攻者便纷纷倒地。我师继续说：我的功夫较之老人相差甚远。因我如不走开架式，发不出人去。”但据顾同学所谈亲身体会，可知陈师晚年功夫已精进到微妙的境地。顾同学曾和济南学习陈式拳的许贵成谈：“我体会推手须具备三个条件：一要有一定的体力；二要拳练得灵活；三则须敢下手。”这话讲的较符合实际。比强调用意不用力、以慢制胜，能使人明白。记得当年我曾向陈师问及照丕师兄功夫如何？陈师笑答：“他从小就干庄稼活，有把子力气，又从小练拳，身体比较灵便，加上他敢下手，所以在南京和人推手从没失败过。”这话也和顾同学所说的是一致的。但顾同学又和老许说：“像陈老师那样软绵绵的却能发出那么大的劲来，我们是学不来的。”

陈师当年谈到师徒间功夫的比较说：“功夫是照着规矩练出来的。下一分功夫，便得一分成就，徒弟下的功夫和我一样，成就自然便赶上我。但如下的功夫比我还深，那么，成就又会超过与我。”我认为，顾同学说的老师的功夫我们学不来，虽接近事实，却不能绝对化，陈师所讲学生可能超过老师的话应是真实的科学态度。中国早有“青出于蓝，而胜于蓝”的说法，社会上也久已流传着“有状元徒弟，没有状元师傅”之语。由此可见，人们对下一代是如何期望他们前进而有所创造的。

社会上一切事物总是前进的。即如陈式太极拳并非最古老的套路，它综合继承了各种拳法，对生理、物理都符合科学原则，所以在保健、医疗及技击各方面都有青出于蓝而胜于蓝的显著效果，为国内外有识之士所爱好、学习。

但事物的前进，不是直线上升的。它如同波浪似的，有高潮，也有低潮，而且高潮的顶点便已伏下了低潮。何况一种属于科学的技艺传播，学者如不从其基本规律入手钻研，而粗枝大叶地，甚至自作聪明、不懂装懂地妄行发展变化，自谓前进，实则倒退。因此，我为陈式的普及欢喜，更为陈式的变化而忧虑。

我从1930年向陈氏十七代拳师陈发科先生学拳至1944年离师移家济南。1953年，从周汉民先生借读陈照丕在南京出版的《陈式太极拳汇宗》，又从杨澄甫弟子葛兰笙先生借读开明书店印行的陈鑫所著《太极拳图说》，经过细心研读，联系陈师口传身教的拳理、拳法，结合返济后与学拳同志们做科学试验，从而对陈式基本规律——缠法有了一定的认识。关于缠法自转的顺逆，发现在眼、身、手、腿部位各有不同的配合。也根据陈师示范中动作，发现公转的正旋、反旋及其左右、前后、上下的不同方向。同时悟出王宗岳《太极拳论》所指出的“双重”“懂劲”，如何做到“阴不离阳，阳不离阴”的阴阳相济，也就是“刚柔相济，虚中有实，实中有虚”等，前人未曾说明，学者都莫知领要的问题。

我当年因病学拳，体力不佳，故尔用功不勤，水平有限。但身懒而思想不懒。学拳时曾多听师教，多看示范动作，多思考，然后按所闻、所见、所能记忆的加以多练，虽然练的趟子不多，却对每一动作，每日反复单练数十次，以至数百次，必求不违师教而后已。新中国成立后三十余年中，又从与学拳同志们多做研究、试验，把早期的“四多”，增为“六多”，一得之愚来自千虑，老马长途体力虽差，而识途经验，略可告人，因此不致怀宝迷邦，数年写出有关陈式文字，将数十万言。

我于前十年写过陈式太极一、二路动作说明，在每式下都对式名考释作了介绍。这次重写式名考释杂谈，不是按原式次序写的，而是将同名不同练法、作用的及同一类型手法而有不同变化的式子排列的。这可以为已经学过陈式一、二路的人们阅览，使之知其变化的原因和用法，以便从认识上有所前进。

我们学拳原是以增强体质为第一目的，不是单纯重在技击。1963年，山东钢厂工程师沈世谦先生曾向我学陈式一路。据他谈及学习任何技艺都是先进行观察、比较，然后入手学习。例如对炼钢本来学过，为了研究这一技术先购来各国原本有关资料，随看随摘要记录，评比其优点，最后参入自己的科学方法，便可变成个人的创造发明。学太极拳也是先看有关书刊，并在旧书店用30元购读陈鑫著作，到各拳场参观教法、练法，最后方来找我学习。我认为这种学习方法是科学的，对我研究陈式大有帮助。沈老学了半个多月，套路将及一半，因领导批准回上海疗养，行前说：“陈式拳真可以说神拳。我打算退休后，申请党领导成立陈式太极拳研究机构，你负责拳的理法，我负责有关物理，再约好友中善中西医者负责生理、病理、经络学说等等方面，作深刻研究，准备写出综合的、科学的一部文字，作为对祖国和全世界人类健康事业贡献。”我深感佩其言，应作为我酷爱此拳的最高理想。从美芹而独善其身，做出献芹而并善天下的效益。可惜经过十年动乱，沈老病逝，此愿未能实现。

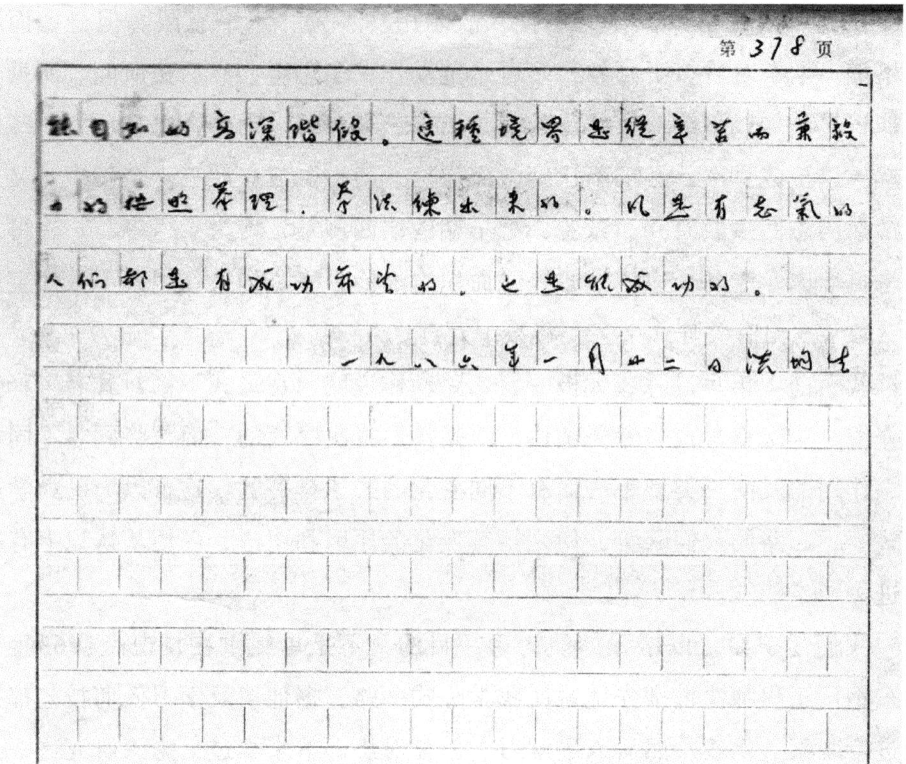
第318页
默自知的高深階段。這種境界是經辛苦而兼致
力的經驗整理，參悟練出來的。凡是有志氣的
人們都是有成功希望的，也是能成功的。
一九八六年一月廿二日洪均生
20×15=300

《重写式名考释杂谈》图三

但，静言思之，我虽不懂科学，应以责任托与后学之秀的懂科学者，特别是懂经络学及力学者共同研究，逐渐找出规律性的东西来。陈鑫原谱讲动作缠丝常常结合经络穴位的运行线路，这就给我们打开了捷径。我们可以按照原文已经指出的穴位，从练习中试验它对人体的感觉和效应。再从局部肢体推及全身，从外肢推及内脏，从外形体验到内部的气血循行。这样一步一步地摸索前进，找出太极拳保健医疗的科学论据，是有可能的。陈鑫原著关于技击的说法也随处可见，但只笼统地讲中气为主，也讲到技击方面的方向和时间，因为那时他不一定懂得力学。我们现在讲技击应当以力学为据。主要的在于杠杆原理，即躯干的重心在动作千变万化中始终保持随遇平衡，然后因敌变化而综合运用力学中的螺旋力、滚动摩擦等规律，以求在不败中取胜。不过人是微妙的动物，动的规律——即方向时间的配合，连自己也从不能自主，达到不能自知的高深阶段。这种境界是从辛苦而兼毅力的按照拳理、拳法练出来的。凡是有志气的人们都是有成功希望的，也是能成功的。

一九八六年一月二十二日

洪均生

后记

人生的意义，不在于生与死，而在于他对于社会所存在的意义。洪均生先生已经离开我们20年了，他的音容笑貌、他的拳法、他的精神、他的武学思想，都深深地烙在人们的心中！令我们欣慰的是，在洪公逝去的这20年的时间中，他的拳法已经广泛传播到祖国大江南北的各个地区，传播到世界各地的诸多国度，洪式太极拳已经被越来越多的人们所喜爱、所追求，以至于痴迷！

2015年3月29日，这是洪式太极拳法传承上的重要里程碑。在洪式太极拳的发源地济南，由洪式太极拳的各代传承人和洪氏家族后人共同为“洪均生公纪念碑”举行了隆重的立碑揭幕仪式，同时发布：洪均生公所传太极拳称为“洪式太极拳”。继而成立了“洪均生著作整编委员会”，负责收集、整理、整编、校对洪均生公的著作、文集、视频、图片、诗稿等所有资料，并选出经典之作集结成册，出版《洪式太极拳》一书。

洪均生著作整编委员会编写组组长蒋家骏，组员王德友、尚华健、洪森、田芸。2015年4月3日至5月7日，编写组在徐州沛县进行了首期一个月的整编工作；2015年6月4日至7月9日、2016年6月19日至7月29日，这两次集中整编工作都是在徐州丰县完成的。三次整编工作中均遇到各种复杂难解的问题，然披荆斩棘，几经校对，终成定稿。在工作中争论，在争论中不断总结，经过反复研究讨论，制定以下原则：

（1）书名为《洪式太极拳》，分上、下两卷，内容只涉及洪公拳法的理论、技术部分。对于其他诗词、歌赋、札记之类的文章，以后再另行整理出版。

（2）总体参照《实用拳法》第一次版本（1989年11月第一次印刷本）的写作模式。内容尊重原著，不敢妄改一字一句。其中一、二路拳法详释重要内容以洪公亲笔手稿——“陈式太极拳势名考释、练法详解”为标准，该稿是洪公1972年赠给蒋家骏先生以资研究用的，首页有洪公签名。

（3）拳照的选用，以《实用拳法》的原版照片为准，这是洪公技术比较成熟时期留下的宝贵财富。此套照片原版由蒋家骏先生精心收藏数十年，今倾囊相授，提供给编写组出版使用。

（4）新增刊的文章必须以洪公亲笔手稿为准，经过编写组甄别通过才能录入。特别说明：因为《实用拳法》中“势名考释、动作、着法要领说”一文与洪氏家人提供原手稿内容存在很大出入，经过编写组认真研究讨论，决定使用原稿文字替换此文。并增入洪公为此所写附文“重写势名考释杂谈”，意义深远！

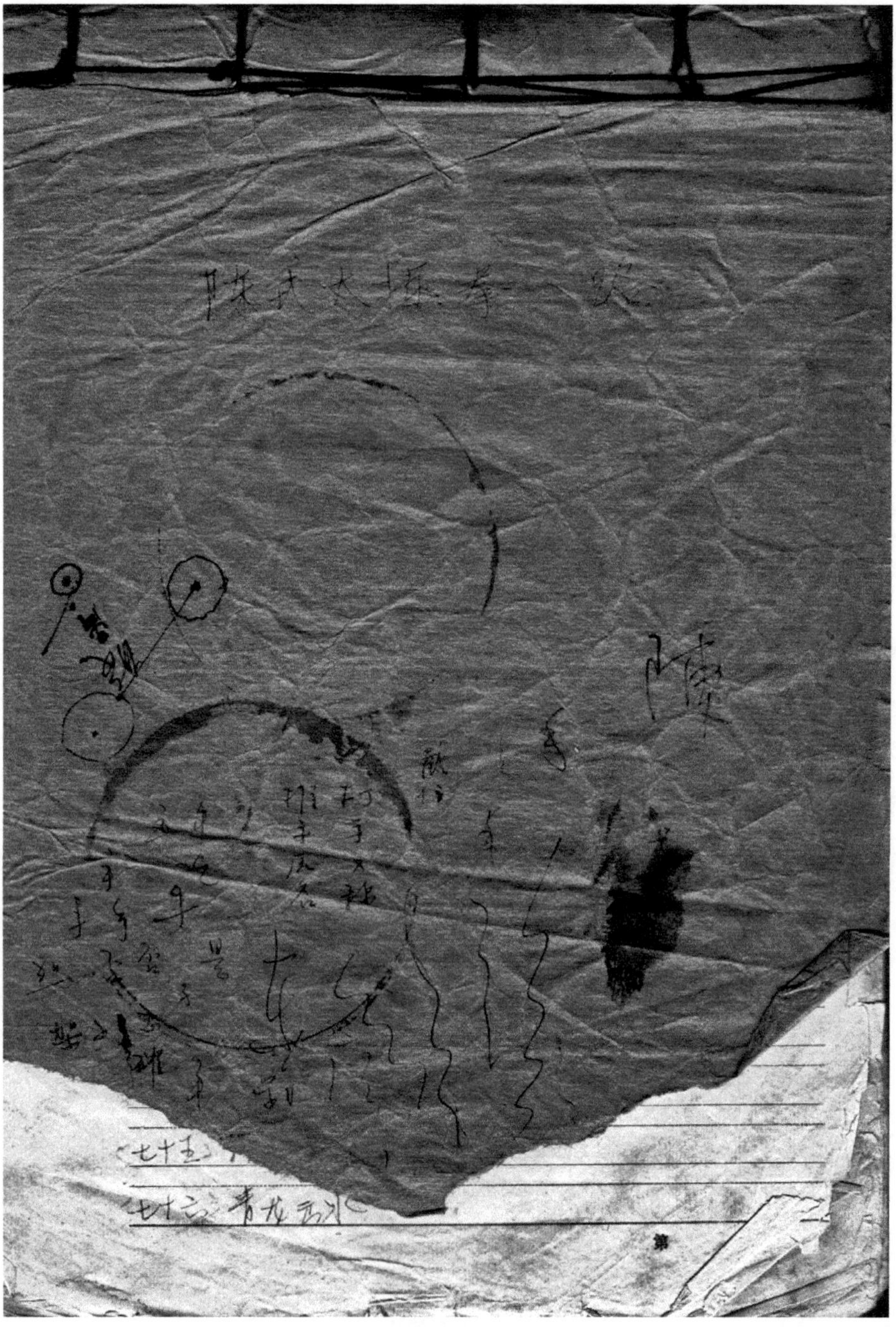

《后记》图一

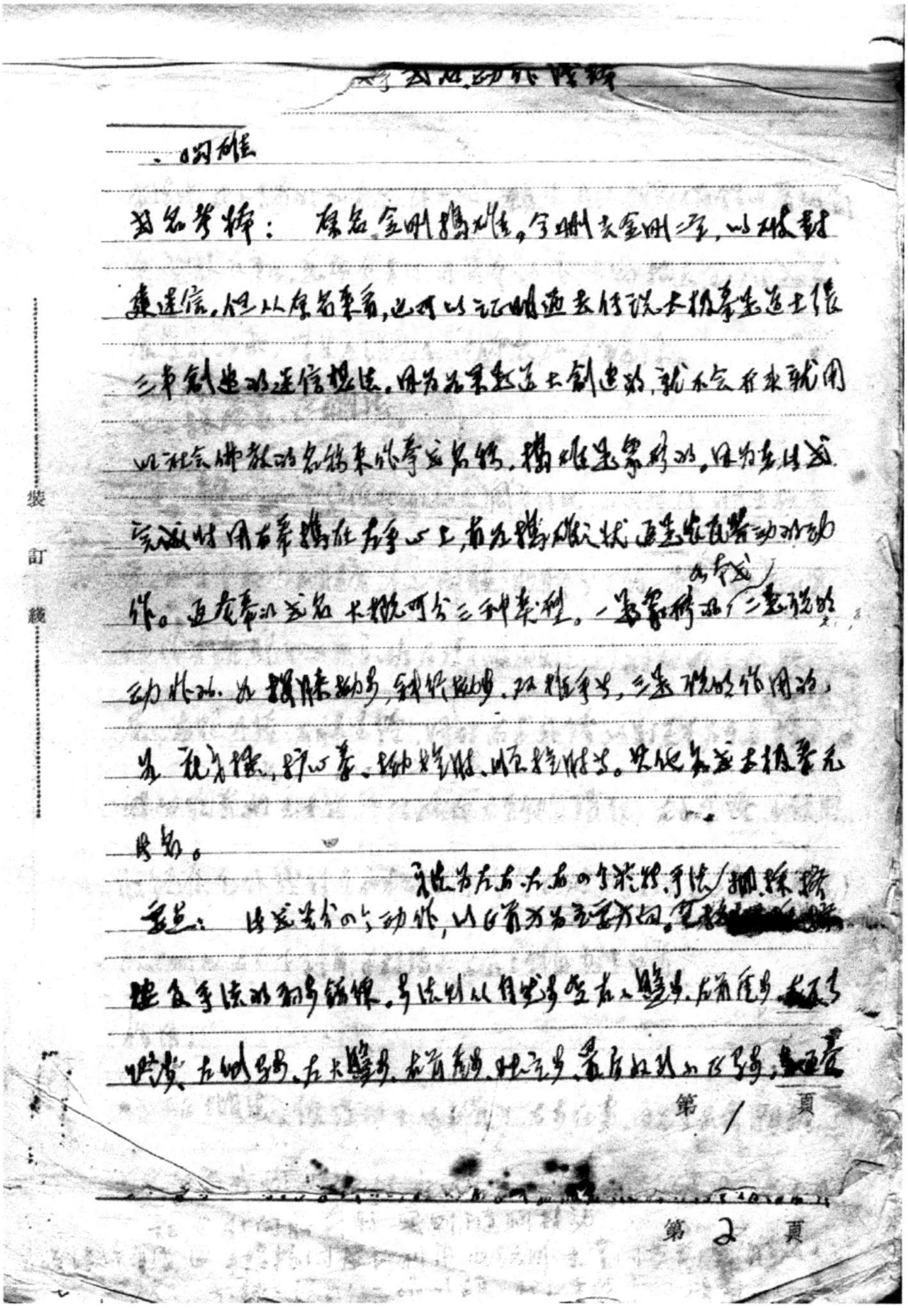

《后记》图二

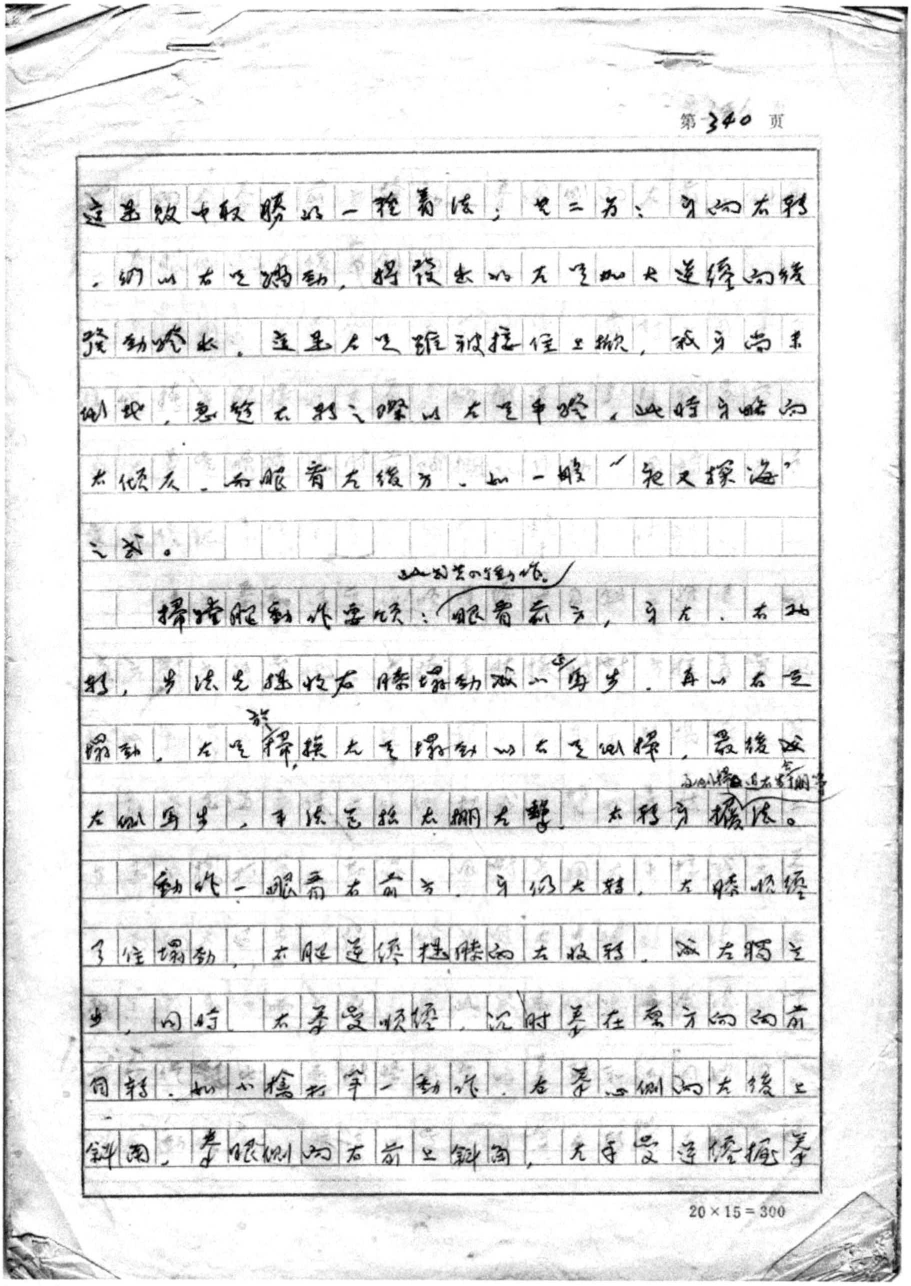

第340页

这是破中取胜的一种着法；其二为：身向右转，胸以右足踏动，将发出的右足加大逆缠向后旋动踏出。这是右足虽被接住上掀，我身尚未倒地，急趁右转之际以右足平踏，此时身略向右倾后，而眼看右后方。如一般"龙入探海"之式。

摆莲腿动作要领：眼看前方，身右、左转，步法先提收右膝蹭动成小马步。再以右足蹭动，右足摆接左足蹭动以右足侧摆，最后成右侧马步，手法先拍右脚左掌。右转身擒法。

动作一：眼看右前方，身仍左转，左膝顺缠下往蹭动，右腿逆缠提膝向右收转，成左独立步，同时，右拳变顺缠，沉肘拳在身方向向前回转，如小擒拿一动作，右拳心侧向左后上斜向，拳眼侧向右前上斜向，左手变逆缠握拳

20×15＝300

《后记》图三

《洪式太极拳》一书是洪公一生心血的结晶，编写组力求准确、完美，不敢有一丝的苟且马虎。因为技术性太强，不能出现任何偏差，编写工作非常之艰难。尤其是图片的整理工作，首先是挑选排序，再把每一张照片重新拍摄制作录入电脑。还存在着图片与文字描述不相符的矛盾等，需要查阅洪公不同时期的手稿分别核对，编写组人员都尽心竭力，一一解决。这期间，徐州丰县、沛县的蒋家骏先生的弟子们，风风雨雨地陪伴着编写组度过了无数个日日夜夜，在生活上和经济上都给予无私的帮助，对他们致以由衷的感谢！

洪均生著作整编委员会编写组

2016年7月26日